高职高专"1+X"模式智能新能源汽车专业系列教材

新能源汽车
综合故障诊断

主　编　艾政华　　王亚华
副主编　祝倩倩　　叶世群　王　毅　范　武
参　编　欧阳全胜　李　华　吴业强　程　赟

机械工业出版社
CHINA MACHINE PRESS

本书以新能源汽车综合故障诊断为主线，讲述了新能源汽车故障诊断技术基础知识、混合动力汽车故障诊断与排除技术、纯电动汽车故障诊断与排除技术。本书理论联系实际，采用理实一体化教学模式，并将丰富的多媒体资源以二维码的形式插入书中，实现了立体化教学。

本书以比亚迪e5、比亚迪·秦为主要参考车型，以其他常见新能源车型典型案例为辅，对新能源汽车动力电池、驱动系统、充电系统以及整车控制系统的故障诊断与排除进行了详细讲解。本书运用了丰富的维修案例、新颖的教学资源形式，对新能源汽车综合故障诊断技术进行了详细的讲解，同时提供了大量有针对性的课后思考题和技能训练项目，以培养学生分析和解决实际问题的能力。

全书内容通俗易懂、深入浅出，适合作为高等职业院校新能源汽车专业核心教材，也可作为汽车服务人员在职培训及自学指导用书。

图书在版编目（CIP）数据

新能源汽车综合故障诊断/艾政华，王亚华主编.—北京：机械工业出版社，2023.4（2025.1重印）

高职高专"1+X"模式智能新能源汽车专业系列教材

ISBN 978-7-111-72767-5

Ⅰ.①新… Ⅱ.①艾…②王… Ⅲ.①新能源—汽车—故障诊断—高等职业教育—教材 Ⅳ.① U469.707

中国国家版本馆 CIP 数据核字（2023）第 044490 号

机械工业出版社（北京市百万庄大街22号 邮政编码100037）
策划编辑：齐福江 责任编辑：齐福江
责任校对：韩佳欣 徐 霆 封面设计：严娅萍
责任印制：刘 媛
涿州市般润文化传播有限公司印刷
2025年1月第1版第3次印刷
184mm×260mm · 10.25印张 · 243千字
标准书号：ISBN 978-7-111-72767-5
定价：49.00元

电话服务   网络服务
客服电话：010-88361066   机 工 官 网：www.cmpbook.com
　　　　　010-88379833   机 工 官 博：weibo.com/cmp1952
　　　　　010-68326294   金 书 网：www.golden-book.com
封底无防伪标均为盗版   机工教育服务网：www.cmpedu.com

前言 FOREWORD

党的二十大报告提出建设现代化产业体系和强化现代化建设人才支撑的理念。我们要实现的中国式现代化，是人与自然和谐共生的现代化，必须贯彻新发展理念，坚持可持续发展，坚定不移走生产发展、生活富裕、生态良好的文明发展道路，走中国式现代化新道路。近年来，能源转型已在全球形成高度共识，新能源革命也在加速进行，新能源汽车发展迅猛，国家对它的政策扶植力度有增无减。《新能源汽车产业发展规划（2021—2035年）》明确指出，到2035年，新销售车辆将以新能源汽车为主流，公共领域用车要实现全面电动化，燃料电池汽车应用实现商业化，高度自动驾驶汽车应用实现规模化，从而促进节能减排，提升社会运行效率。

在汽车领域，以节能减排为重要目标的新能源汽车技术不断取得突破，并逐步形成以能源、机电新技术为支撑，多种新能源为动力，涵盖新能源汽车整车、配套部件、专用储能材料及相关服务等领域，具有巨大市场潜力的新兴产业，呈现快速突破、竞相发展的态势。在此背景下，"新能源汽车综合故障诊断"成为新能源汽车技术专业的必修课。党的二十大报告提到的人才强国战略，内涵更丰富，更具有新时代的特色。报告非常明确地把大国工匠和高技能人才作为人才强国战略的重要组成部分，人才培养已经成为重大课题。本书坚持思政育人、文化育人、专业育人、实践育人四位一体的教学理念，采用理实一体的教学模式，以实际维修案例导入典型工作任务，将思政教育融入课堂教学，注重对使用者专业知识、动手能力和职业素养的综合培养。

本书以新能源汽车综合故障诊断为主线，介绍了新能源汽车故障诊断技术基础知识、混合动力汽车故障诊断与排除技术、纯电动汽车故障诊断与排除技术。

本书以"1+X"证书制度的主要理念作为课程设置与内容选择的参照点，更加注重培养复合型技术技能人才，提高学生的实际动手能力，将理论知识真正应用到实际操作中，拓宽学生就业创业渠道。本书主要特点是任务引领、理实一体、内容丰富、实车为例、图文并茂、通俗易懂、实用性强。本书还配套了一系列的数字资源，丰富了教材内容，也使教学趣味性更浓。

本书可作为高职高专院校新能源汽车专业、汽车运用技术专业等教学用书，也可作为成人高等教育或汽车技术人员培训教材，汽车维修人员和汽车技术爱好者亦可用于自学。

本书由艾政华（贵州轻工职业技术学院）、王亚华（贵州轻工职业技术学院）任主编，祝倩倩（贵州轻工职业技术学院）、叶世群（贵州轻工职业技术学院）、王毅（贵州交通职业技术学院）、范武（吉利汽车研究院（宁波）有限公司）任副主编，参与编写的还有欧阳全胜（贵州轻工职业技术学院）、李华（四川交通职业技术学院）、吴业强（贵州电子信息职业技术学院）、程赟（河南交通职业技术学院）。在编写本书的过程中，得到了上海景格科技股份有限公司的大力支持，在此表示感谢。

由于编者的水平有限，书中难免存在一些疏漏和不足，恳请各位读者指出并提出宝贵意见，以便在修订时改正和完善。

特别说明：教材中配有二维码，读者扫描使用前，请先扫描书籍码，每一个用户手机只需要扫码一次，就可以永久查阅教材中的二维码视频资源。

书籍码　V5EJQCWNF

扫码免费看资源

编　者

目 录 CONTENTS

前 言

项目一　新能源汽车故障诊断技术概述 ·················· 1

项目二　混合动力汽车故障诊断与排除 ·················· 14
   任务一　混合动力汽车系统简介 ······················· 15
   任务二　混合动力汽车动力电池系统故障诊断与排除 ············ 27
   任务三　混合动力汽车驱动系统故障诊断与排除 ··············· 50
   任务四　混合动力汽车整车控制系统故障诊断与排除 ············ 74

项目三　纯电动汽车故障诊断与排除 ··················· 87
   任务一　纯电动汽车系统简介 ························· 88
   任务二　纯电动汽车动力电池系统故障诊断与排除 ············· 99
   任务三　纯电动汽车充电系统故障诊断与排除 ··············· 116
   任务四　纯电动汽车驱动系统故障诊断与排除 ··············· 130
   任务五　纯电动汽车整车控制系统故障诊断与排除 ············· 143

项目一 新能源汽车故障诊断技术概述

汽车在国民生产、生活及交通运输中扮演着极其重要的角色，汽车工业已成为国民经济的重要支柱产业。但汽车在给人们提供便捷、舒适的同时也带来了很多负面影响，如能源危机、环境污染等。为了缓解资源与环境的双重压力，各国相继出台了一系列政策来支持新能源汽车的发展。随着国家鼓励政策的出台，新能源汽车的保有量越来越多，新能源汽车的故障也日渐增加，其故障诊断也成了当今汽车维修行业的学习热点。新能源汽车与传统燃油汽车的动力结构完全不同，这决定了两类汽车的诊断维修方法也存在非常大的差异。本项目主要介绍纯电动汽车故障的诊断方法、诊断流程和诊断工具的使用。

通过对本项目的学习，学生将能够描述诊断仪的功能、使用方法、诊断流程，能对典型故障进行准确的分析和处理。学习完相应的知识后，要求学生能够在实车上或教学实训台上对典型故障进行描述讲解，并结合故障诊断流程予以排除。

一辆比亚迪 e5 纯电动汽车无法起动。客户反映踩下制动踏板按起动按钮后，仪表上的绿色 OK 灯不亮，动力系统故障指示灯点亮，仪表显示"请检查动力系统"，车辆无法挂档行驶。请学习相关知识，分析故障原因并写出诊断流程，然后利用诊断仪进行故障诊断与排除，帮助客户解决问题。

学习目标

1. 能正确描述新能源汽车故障诊断的基础知识和注意事项。
2. 掌握比亚迪新能源汽车五步法诊断流程。
3. 掌握比亚迪 VDS2000 汽车故障诊断仪的使用方法。
4. 能正确描述比亚迪 VDS2000 汽车故障诊断仪的使用注意事项。

知识储备

一、诊断技术简介

1. 概述

现代汽车诊断技术是指在整车不解体的情况下，检测汽车使用性能或工作能力，以确定汽车技术状况及其故障的一门学科。它是研究汽车诊断理论，确定汽车技术状况，查明故障原因和故障部位的汽车应用技术。

现代汽车诊断技术是以先进的检测技术为基础，以科学的检测方法为手段，以准确的诊断为目的，通过对汽车性能参数或工作能力的检测，依靠人工智能科学地确定汽车的技术状态，识别、判断故障，甚至预测故障，为汽车继续运行或进厂维修提供可靠的依据。

现代汽车诊断技术与传统的人工检查、经验诊断有原则上的不同，它是借助科学技术的新成就，利用必要的仪器、设备，在满足整车不解体条件下进行检测，从而确定汽车技术状况、工作能力和故障部位。它具有科学、高效、省力、准确的特点。随着汽车技术的飞速发展、高新技术的广泛运用以及电子化程度的不断提高，现代汽车诊断技术本身所包含的知识、侧重的内容、涉及的范围、利用的设备以及采取的方法均会发生很大变化。目前汽车诊断技术已贯穿于汽车运用、汽车维护、汽车修理、交通安全和环境保护等各个领域，并起着重要的作用。

2. 诊断技术的分类

汽车故障诊断是指运用必要的手段（包括外观、气味、振动、声响、感觉、仪器等）、知识和经验对车辆故障（包括故障码、故障症状）做出分析和判断，确定故障部位、原因的过程。它是由检查、分析、判断等一系列活动完成的。从完成这些活动的方式来看，现代汽车故障诊断可分为以下三类。

（1）人工经验诊断

人工经验诊断是指利用人工观察、经验检查、推理分析、逻辑判断进行的故障诊断。诊断人员凭借丰富的实践经验和一定的理论知识，利用简单工具在不解体汽车或局部解体的情况下，根据汽车外部异常状况通过眼看、手摸、耳听的手段，边检查、边试验、边分析，从而确定汽车故障部位和原因以及汽车的技术状况。人工经验诊断不需要专用仪器设备，可随时随地应用。但它对诊断人员的经验依赖性强，要求诊断人员有较高的技术水平，存在诊断速度慢、准确性差及不能进行定量分析等缺点。

（2）仪器分析诊断

仪器分析诊断是指汽车在不解体情况下，利用各种专用仪器和设备获取汽车的各种故障码、数据流，并根据这些故障码、数据流进行故障诊断。诊断时利用现代检测设施对汽车总成或系统进行测试，并通过对诊断参数测试值、变化特性曲线、波形等的分析判断，定量确定汽车技术状况或确诊故障部位和原因。采用微型计算机控制的仪器设备能自动分析、判断、存储并打印诊断结果。利用现代仪器分析诊断的特点是诊断速度快、准确性高、能定量分析，但检测的投资大、成本高。

（3）自我诊断

自我诊断是指利用汽车电控单元（ECU）的自诊断功能进行的故障诊断。自诊断功能就是利用监测电路检测传感器、执行器以及微处理器的各种实际参数，将检测到的实际数据与存储器中的标准数据进行比较，并根据比较结果对系统是否存在故障进行判定。当判定系统存在故障时，电控单元将故障信息以故障码的形式存入存储器，并控制警告灯向驾驶员发出警示信号。自我诊断就是通过一定的操作方式，把汽车电控系统中电控单元的故障码提取出来，然后通过查阅相应的故障码表来确定故障的部位和原因。

在实际检测诊断工作中，上述三类故障诊断并不相互独立，而是相辅相成的。人工经验诊断是检测诊断的基础，具有十分重要的实用价值；仪器分析诊断是在人工经验诊断法基础上发展起来的诊断方法，它在汽车检测诊断中所占的比例日益增大，使用现代仪器设备诊断是汽车检测诊断技术发展的必然趋势；自我诊断对于电子控制的汽车各大系统都十分有效，而且快捷准确，这是其他方法无可比拟的。

二、诊断流程五步法（比亚迪新能源汽车）

1. 新能源汽车故障诊断能力基础

故障诊断是指依照技术标准，使用合适的工具、仪器、设备和软件，对汽车故障进行检测排查、分析判断，进而查明故障原因，确认故障部位的过程。要求进行故障诊断时要参考电路图、维修手册，根据故障现象使用诊断仪读取故障码、数据流后再利用万用表、示波器等检测设备对可能的故障件或线路进行测量，根据测量结果排查故障点。目前大多数的疑难故障基本都是电路故障，而对电路进行诊断的前提是必须掌握电路原理图，从电路的机理上去分析具体的故障原因。所以说进行故障诊断需要的不是一般的电路图识读能力，而是要求具有较强的电路图分析能力，能够透过简单的连线窥探包括控制单元内部、器件内部的电路本质，探究出具体的电路机理。

故障诊断过程中能对故障进行检测，并对检测数据进行准确判断，是故障诊断最为关键的能力，这要求维修人员能按照科学的诊断流程进行诊断。

1-1 故障灯的认知及诊断思路

2. 新能源汽车故障诊断基础知识

（1）诊断前注意事项

必须查询并依照新能源汽车的维修手册，依规依序操作。

1）新能源汽车高压电气系统包含动力电池、逆变电路、驱动电机系统、电子控制系统和线束等，为了保证安全，所有的高压电线均已采取密封或隔离措施，高压电线束采用橙色加以区分。维修手册上清楚标注出所有橙色线均为高压电线（约200~700V）。

2）维护时注意仪表上的OK指示灯，以此判断车辆此时是处于工作还是停机状态。

注意： 通常情况下OK指示灯熄灭后电源可能会持续供电5min。在执行车辆维修工作之前，一定要确保OK指示灯是熄灭的。故应关闭点火开关，并把车钥匙取下来。

3）在维护检修时按规定着装，禁止佩戴首饰、手表、戒指、项链、钥匙等。维护检修时要准备吸水毛巾或布、灭火器、绝缘胶布、万用表等工具设备。必须选用适用于电工作业的绝缘、耐碱性橡胶手套及耐碱性类型的绝缘鞋和护目镜，防止电解液溢出等造成意外伤害。

（2）诊断前操作准备

1）确认车辆行驶状况。车辆正常运行时存在该情况，那么客户描述的故障情况可能属于正常情况。在与客户描述情况相同的条件下，与操作正常的类似车辆进行比较，如果其他车辆存在类似情况，那么这可能是车辆的设计原因。

2）预检并进行全面的目视检查。

① 对车辆外观进行全面检查。

② 检测是否有异常的响声或异味。

③ 采集故障码（DTC）信息，以便进行有效的修理。

④ 执行系统化的车辆诊断与检查。

通过预检获取的信息，针对故障区域进行系统化的诊断和确认，确认系统工作是否正常，并确定执行何种诊断类别。

3）查询或检索相关的案例信息。查阅已有案例信息，确定是否之前已有这样的故障维修案例，这样可以最大程度缩短后期维修和诊断的时间。

4）确定诊断类别。

① 针对当前故障码：按照指定的故障码诊断步骤以进行有效的诊断和维修。

② 针对无故障码：选择合适的故障诊断程序，按照故障诊断思路和步骤诊断、维修。

③ 针对没有已公布的诊断程序：分析问题，制订诊断方案。从维修手册中查看故障系统的电源、搭铁、输入和输出电路，确定接头和其他多条电路相连接的部位。查看部件的位置，确认部件、插接器或线束是否暴露在极端温度或湿度环境下，以及是否会接触到具有腐蚀性的蓄电池酸液、机油或其他油液。

④ 针对间歇性/历史故障码：间歇性故障是一种不连续出现，很难重现且只在条件符合时发生的故障。一般情况下间歇性故障是由电气连接器和线束故障、部件故障、电磁/无线电频率干扰、行驶状况导致的。以下方法或工具有利于定位和修理间歇性故障或历史故障码：

- 结合专业知识和可用的维修信息。
- 判断客户描述的症状和状况。
- 使用带数据捕获（数据流读取）功能的故障诊断仪、数字式万用表。

5）断开高电压系统。对新能源汽车进行诊断、维修，处理损坏车辆，进行事故恢复或急救工作时，必须首先禁用高电压系统，具体方法如下：

① 档位开关置于 P 位，拉起驻车制动，拔下钥匙。
② 断开低压辅助蓄电池负极端子。
③ 戴上绝缘手套拆下手动维修开关，将手动维修开关用绝缘胶布贴封起来，隔离外露区域与高压系统的接线端或连接器。
④ 断开手动维修开关后，在开始检查前等待 5min，使用万用表检测需要维修的高电压系统输入与输出线路的每一个相位电压，读数必须小于规定值（一般为小于 3V）。

3. 五步法故障诊断流程

新能源汽车检修时应遵循怎样的诊断流程？经过众多故障诊断技术人员的总结，"五步法"是比较科学、深受认可的故障诊断方法。

带高电压的混合动力汽车或纯电动汽车发生故障时，"五步法故障诊断流程"可以为技术人员提供诊断思路，也能提高车辆的诊断和修理效率。所谓五步法是指包括客户投诉分析、功能及原因分析、测量、故障机理分析及故障排查与验证五个诊断步骤，是具体故障诊断思路的一个基本原则。在实际维修诊断过程中，不一定需要严格遵循这样的诊断思路，因为具体的维修诊断有些步骤凭借个人的经验和之前的维修经历，可以直接给出正确的答案，没有必要再浪费时间重复步骤去验证。

（1）客户投诉分析

诊断策略的第一步是尽可能多地了解客户情况。面对客户投诉时应首先问问用户，通过问询、功能测试、路试、查阅技术通报等手段，使用专业的描述方式重组客户投诉。对客户进行更为深入的问询和验证后才能去伪存真，发现真实的故障现象，建立故障诊断起点。

比如可以这样问：什么时候、在什么状况下这种故障会发生？之前是否出现过此类症状？最近汽车进行过维修吗？对汽车进行过安装、改装吗？车上设备改装过吗？这种故障总是发生还是偶尔发生？汽车在异常条件下驾驶过吗？

（2）功能及原因分析

为了确认客户报修问题，我们必须首先熟悉系统的正常工作情况。此流程的目的在于细分故障涉及的系统，理清系统的功能和原理，分析所有可能的故障原因。例如上电故障原因分析，如图 1-1-1 所示。

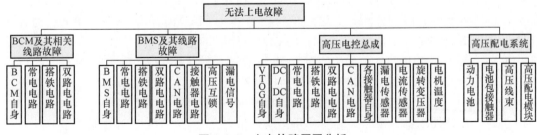

图 1-1-1 上电故障原因分析

对于比亚迪 e5 无法上电的故障，故障诊断的前提是要理清与上电相关的电气部件，包括点火开关及线路，防盗控制单元及其供电、通信、信号线路，双路电系统，DC/DC、电池管理系统、电机控制器及其供电、通信线路，高压回路（图1-1-2）及各个接触器，高压互锁，漏电、电流传感器等的连接关系。比亚迪e5高压上电流程如图1-1-3所示。

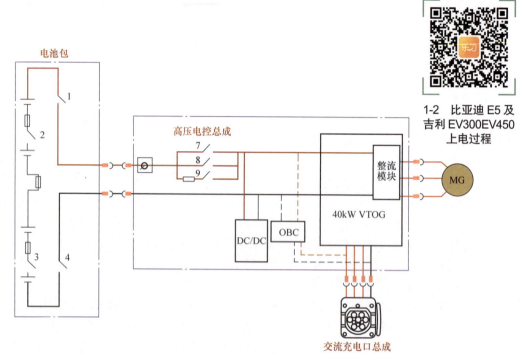

图1-1-2　比亚迪e5高压回路

1—正极接触器　2—电池包分压接触器1　3—电池包分压接触器2
4—负极接触器　7—主接触器　8—交流充电接触器　9—预充接触器

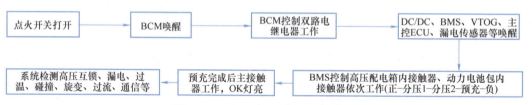

图1-1-3　比亚迪e5高压上电流程

比亚迪e5的上电流程可以这样理解：驾驶员在踩下制动踏板的同时按下点火开关，点火开关和制动踏板的信号会同时发送到车身控制单元（BCM）和防盗控制单元，通过防盗验证后BCM被唤醒，随后它会发出信号控制双路电继电器吸合，从低压蓄电池过来的12V电就变成了双路电，会送到DC/DC、电池管理系统（BMS）、电机控制器（VTOG）等高压设备，唤醒它们工作。BMS被唤醒后控制高压回路的接触器依次工作，实现预充控制。负极接触器闭合意味着预充的开始，当高压回路中的大电容两极电压达到约600V时，BMS控制主接触器闭合，预充接触器断开，预充完成。动力电池的直流电被送到高压电控总成，此时BMS让仪表将OK灯点亮。高压设备被唤醒后各控制系统会自检，如果没有检测到高压互锁、漏电、碰撞、过电流、过温、失去通信等故障，OK灯会持续点亮，上电成功。而一旦检测到严重故障，BMS会断开高压回路熄灭OK灯，同时在仪表上显示高压系统故障，并点亮高压系统故障灯，等待进一步维修。

根据故障现象初步分析，可能是车辆高压无法上电导致 OK 灯不亮。常见的高压无法上电故障原因如下：

1) 高压互锁故障。由于高压互锁线路断路导致主接触器、主预充接触器等无法吸合。

2) 车辆低压电源故障。车辆某一个或多个模块低压电源供电异常，致使该模块不工作，导致无法上电。

3) CAN 通信故障。由于 CAN 通信故障导致 VTOG 与 BMS 之间无法通信，无法上电。

4) 双路电故障。BMS 等模块没有接收到双路电，没有被唤醒，导致无法上电。

5) 主接触器、主预充接触器与 BMS 之间的连接线束故障。由于线路故障导致 BMS 无法对主接触器、主预充接触器进行拉低控制。

（3）测量

通过测量得出的实际数据可缩小故障范围。首先连接故障诊断仪读取故障码、数据流。若诊断仪显示无故障码，则读取动力系统数据流，见表 1-1-1。根据数据流分析，首先可以排除高压互锁故障。由于诊断仪读取动力系统数据流时需与 BMS、VTOG 等进行通信，数据流读取正常，说明 BMS、VTOG 的低压电源及双路电供电无故障，CAN 通信正常。进一步确认，用万用表分别检测 G03/12 和 G03/13 与车身之间的电压，测得电压为 2.63V、2.35V，CAN 通信无故障。初步怀疑主接触器、主预充接触器故障导致车辆无法上电。

表 1-1-1　动力系统数据流

序号	项目	数值	序号	项目	数值
1	绝缘阻值	65535kΩ	6	高压互锁 1	未锁止
2	预充状态	未预充	7	高压互锁 2	未锁止
3	主接触器状态	断开	8	高压互锁 3	未锁止
4	预充接触器状态	断开	9	碰撞告警	无故障
5	电池组当前总电压	648V	10	动力系统故障	故障

（4）故障机理分析

根据初步判断的结果查阅原厂维修资料，分析故障部位的工作原理，进而理清诊断思路，根据实际情况制定故障排查流程。

如图 1-1-4 所示，主接触器、主预充接触器的控制线圈由双路电提供电源，然后分别经高压电控总成的 B28（B）/32 和 B28（B）/29 针脚至电池管理器（BMS）的 BK45（A）/9 和 BK45（A）/17 针脚，由 BMS 控制拉低。在 BMS 工作正常的情况下，故障点可能在主接触器、主预充接触器本身或其电源和控制的线路上。

新能源汽车上的接触器可靠性比较高，发生故障的概率比较小，所以优先从主接触器、主预充接触器的电源和控制线束着手开始排查。

（5）故障排查与验证

根据之前制定好的排查流程逐步进行故障排查与验证。若按流程排查完毕后仍然找不到故障所在，则需回到上一步，结合维修资料和已检测出的数据分析是否有遗漏点。若有必要需重新制定排查流程，再次进行故障排查与验证，直至故障排除。

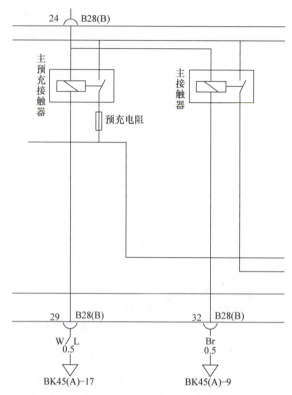

图 1-1-4　主接触器、主预充接触器控制原理图

按下启动键测得双路电 B28（B）/24 针脚电压为 12V。用万用表检测 B28（B）/32 的电压为 12V，B28（B）/29 的电压为 12V，BK45（A）/9 的电压为 12V，BK45（A）/17 的电压为 0V。怀疑 B28（B）/29 与 BK45（A）/17 之间线路断路。

仔细观察发现，BK45（A）/17 有退针现象。断开蓄电池负极，修复退针的针脚，用万用表测量 B28（B）/29 与 BK45（A）/17 之间的线路，导通。将低压插头与电池管理器（BMS）重新连接，连接蓄电池负极。再次将车辆上电，仪表 OK 灯亮起，上电成功。然后连接故障诊断仪，清除故障码后再次读取故障码，显示无故障码，至此故障排除。

三、诊断工具 - 诊断仪

1. 诊断仪概述

汽车故障诊断仪是车辆故障自检终端，用户可以利用它迅速地读取车辆电控系统存储的故障及相应的数据波形，并通过液晶显示屏显示故障信息，迅速查明发生故障的部位及原因并实时检测车辆性能，是检测车辆故障的必备工具。汽车故障诊断仪又称汽车解码器，是用于检测汽车故障的便携式智能汽车故障自检仪。一般来讲，不同的诊断仪可能具有不同的功能，在适用品牌和车型上也有一定要求。下面以 BYD-VDS2000 汽车故障诊断仪为例进行介绍。

BYD-VDS2000 汽车故障诊断仪能对比亚迪汽车有限公司所有现有的车型进行随车故障诊断。它可以完成许多人工难以进行的汽车检修工作，使汽车检修工作电子化、自动化，

1-3　新能源汽车诊断仪介绍

如图 1-1-5 所示。

此外，它还能非常方便地进行在线升级，以支持比亚迪汽车有限公司后续新车型、新系统的故障诊断。同时它还能够显示波形，可以作为一个简易版的示波器设备使用。

（1）BYD-VDS2000 汽车故障诊断仪组成

BYD-VDS2000 汽车故障诊断仪的基本配置主要包括平板主机、VDCI 主机、OBD 线束和 USB 线束四部分，如图 1-1-6 所示。

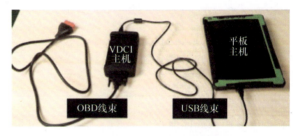

图 1-1-5　BYD-VDS2000 汽车故障诊断仪　　　图 1-1-6　BYD-VDS2000 汽车故障诊断仪组成

其中 VDCI 主机上有三个主要的指示灯：STATE 灯、VCOM 灯和 COM 灯。

STATE 灯是 VDCI 状态指示灯，绿灯亮表示设备正常，红灯亮表示设备异常。

VCOM 灯是 VDCI 与整车通信指示灯，如果有通信数据时绿灯闪动，停止通信后灯保持常亮。

COM 灯是 VDCI 与 VDS2000 诊断系统指示灯，如果有通信数据时绿灯闪烁，停止通信后灯保持常亮。

注意：当诊断仪与汽车连接时，三个指示灯开始闪烁。随后，只有 STATE 灯亮，其他两个灯不亮，此时，诊断仪在进行自检，诊断仪正常工作时三个灯均常亮。

（2）BYD-VDS2000 汽车故障诊断仪功能

BYD-VDS2000 汽车故障诊断仪的功能如下：

1）无线或有线车辆诊断。

2）自动进行整车故障扫描。

3）故障码智能关联（关联维修手册、互联网案例库）。

4）可视化波形整车数据监测。

5）诊断维修的统计和查询。

6）智能判断整车程序更新。

7）在线实时技术支持（文本、语音、视频）。

8）故障码、维修手册、维修案例查询。

2. 诊断仪界面认知

（1）BYD-VDS2000 汽车故障诊断仪组成及功能

如图 1-1-7 所示，诊断仪平板右侧按键从上往下依次为电源键、音量增减键、返回键、回车键、任务键和 HOME 键。其功能见表 1-1-2。

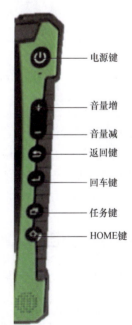

图 1-1-7　诊断仪平板按键

注意：进入汽车诊断系统后，在其操作界面上也有相应功能按钮，可根据实际情况与个人使用习惯选择使用。

表 1-1-2　平板按键功能

按键名称	按键功能
电源键	控制平板的"开机"和"关机"
音量增减键	控制音量的大小
返回键	返回上一菜单
回车键	回车，相当于"确认"键
任务键	点击后，可显示所有打开界面
HOME 键	返回主页面

（2）诊断仪界面显示

BYD-VDS2000 汽车诊断仪为触摸屏式诊断仪，下面以检测比亚迪·秦为例，了解其界面显示情况。

1）进入汽车诊断仪后，可看到其初始界面如图 1-1-8 所示。

图 1-1-8　初始界面

2）点击"乘用车"，进入汽车型号选择，如图 1-1-9b 所示，其几乎涵盖比亚迪的所有车型，若在界面中没有对应车型，可点击"车型查找"，搜索相应车型。

3）如图 1-1-9 所示，根据具体车型需要依次在界面中进行选择。

4）如图 1-1-10 所示，确定车型后进入其功能模块，根据需要选择相应模块进行故障诊断。

5）在诊断时通常先选择 ECU 进行全车自动扫描，如图 1-1-11 所示。根据扫描结果进入相应子模块进行进一步的故障诊断，从而确定详细的故障部位。

6）全车自动扫描结束后选择其中任一子模块，如图 1-1-12 所示。点击该子模块最右侧箭头，进入该子模块的故障诊断中。如图 1-1-13 所示，在子模块故障诊断界面中共有 10 个功能选项，其中，较常用的有故障检测、清除故障、数据流和动作测试。

项目一 新能源汽车故障诊断技术概述 11

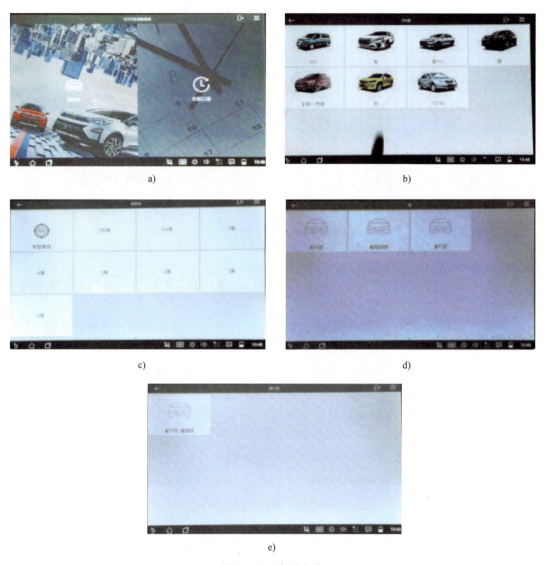

图 1-1-9 车型查找

图 1-1-10 功能模块

图 1-1-11 全车自动扫描

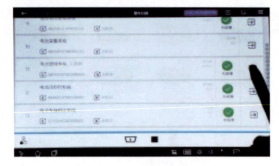
图 1-1-12 进入子模块诊断

图 1-1-13 子模块功能区域

3. 诊断仪使用注意事项

1）连接车辆诊断仪前需确认车辆已停放至可靠位置，档位置于 P 位，拉起驻车制动器，并将点火开关置于 ON 或 START 档。

2）在使用车辆诊断仪期间，需确认车辆低压蓄电池电量在 11～14V 之间，若低于此电压则需连接车辆低压蓄电池充电器。

3）若诊断仪电源异常，采用车辆点烟器电源线进行电源补充时，需注意关闭车辆点火开关前应先关闭诊断仪，以防止诊断仪出现非正常关机情况。

4）使用执行器控制功能时要符合操作规范，一些不当的操作可能会直接造成相关部件损坏。

5）在使用诊断仪对车辆进行软件升级时需要妥善管理车辆诊断插头，在升级过程中诊断插头脱落会直接导致车辆控制软件崩溃，造成车辆无法使用的情况。

任务练习

一、选择题

1. 下列关于现代汽车诊断技术说法不正确的是（　　）。
   A. 现代汽车诊断技术是指在整车解体的情况下，检测汽车使用性能或工作能力，以确定汽车技术状况及其故障的一门学科
   B. 现代汽车诊断技术是借助科学技术的新成就，利用必要的仪器、设备，在满足整车不解体条件下进行检测，从而确定汽车技术状况、工作能力和故障部位的
   C. 现代汽车诊断技术具有科学、高效、省力、准确的特点
   D. 现代汽车诊断技术由检查、分析、判断等一系列活动完成
2. 现代汽车故障诊断常见类型是（　　）。
   A. 人工经验诊断　　　　　　　　　　B. 仪器分析诊断
   C. 自我诊断　　　　　　　　　　　　D. 以上都是
3. 正确的五步法故障诊断流程是（　　）。
   A. 客户投诉分析、功能及原因分析、测量、故障机理分析、故障排查与验证
   B. 故障排查与验证、客户投诉分析、功能及原因分析、测量、故障机理分析

C. 客户投诉分析、测量、功能及原因分析、故障机理分析、故障排查与验证

D. 客户投诉分析、功能及原因分析、故障机理分析、测量、故障排查与验证

4. 下列关于 BYD-VDS2000 故障诊断仪功能描述不正确的是（　　）。

　　A. 无线或有线车辆诊断

　　B. 无自动整车故障扫描功能

　　C. 可视化波形整车数据监测

　　D. 智能判断整车程序更新

5. 下列关于 BYD-VDS2000 故障诊断仪的使用注意事项，说法不正确的是（　　）。

　　A. 连接车辆诊断仪前需确认车辆已停放至可靠位置，档位置于 P 位，拉起驻车制动器，并将点火开关置于 ON 或 START 档

　　B. 若诊断仪电源异常，采用车辆点烟器电源线进行电源补充时，需注意关闭车辆点火开关前，应先关闭诊断仪，以防止诊断仪出现非正常关机情况

　　C. 在使用车辆诊断仪期间，无需确认车辆低压蓄电池电量是否在 11～14V 之间

　　D. 在使用诊断仪对车辆进行软件升级时需要妥善管理车辆诊断插头，在升级过程中诊断插头脱落会直接导致车辆控制软件崩溃，造成车辆无法使用的情况

二、判断题

1. 人工经验诊断是通过眼看、手摸、耳听的手段，边检查、边试验、边分析，从而确定汽车故障部位和原因以及汽车的技术状况的。（　　）

2. OK 指示灯熄灭后电源会立即断电，因此，在执行车辆维修工作之前，无需确保 OK 指示灯是否熄灭。（　　）

3. 对新能源汽车进行诊断、维修、处理损坏车辆、进行事故恢复或急救工作时，必须首先禁用高电压系统。（　　）

4. BYD-VDS2000 汽车故障诊断仪 VDCI 主机上的 COM 灯是与整车通信的指示灯，如果有通信数据时绿灯闪动，停止通信后灯保持常亮。（　　）

5. 针对无故障诊断码情况，可选择合适的症状诊断程序，按照症状诊断思路和步骤进行诊断、维修。（　　）

三、简答题

简述汽车故障诊断仪使用注意事项。

项目二 混合动力汽车故障诊断与排除

由于石油资源的稀缺以及人们环保意识的提高，混合动力汽车及纯电动汽车将成为21世纪前几十年汽车发展的主流。混合动力汽车具备了传统燃油汽车和纯电动汽车的使用特点，将内燃机、电机、传动系统与一定容量的蓄电池通过控制系统相组合，电机可补偿车辆起步、加速时所需转矩，使发动机工作在高效区，又可以回收车辆制动能量，从而大幅度降低整车油耗，减少污染物排放。相对而言，混合动力汽车具有更多的动力选择、复杂的传动机构、灵活多样的布置形式和更低的能量消耗。

本项目主要介绍混合动力汽车的故障诊断与排除方法，具体包含以下四个任务：

任务一　混合动力汽车系统简介
任务二　混合动力汽车动力电池系统故障诊断与排除
任务三　混合动力汽车驱动系统故障诊断与排除
任务四　混合动力汽车整车控制系统故障诊断与排除

通过以上四个任务的学习，读者将能够掌握混合动力汽车的结构组成与控制原理、混合动力汽车主要系统的基本诊断流程，以及常见混合动力汽车运行数据的分析与判断思路，学会混合动力汽车的故障排除方法。

任务一　混合动力汽车系统简介

小王是比亚迪汽车 4S 店的服务顾问，客户李先生对比亚迪·秦混合动力汽车特别感兴趣，想让小王介绍一下混合动力汽车的基本知识以及比亚迪·秦混合动力汽车的结构原理。假如你是小王，你能帮助客户解决这个问题吗？

学习目标

1. 能正确描述混合动力汽车的基本概念。
2. 能正确描述混合动力汽车的类型。
3. 能正确描述典型混合动力汽车的结构与原理。
4. 能正确描述比亚迪·秦混合动力汽车的结构与原理。

知识储备

一、混合动力汽车的基本概念

混合动力汽车是指携带有不同动力源，可根据汽车的行驶需要，同时或分别使用不同的动力源而行驶的汽车。混合动力汽车与传统汽车最大的区别是动力传动系统一般都至少拥有两个动力源和两个能量储存装置。

混合动力汽车可分为两大类，即液压蓄能式混合动力汽车（Hydraulic Hybird Vehicle，HHV）和混合动力电动汽车（Hybrid Electric Vehicle，HEV）。液压蓄能式混合动力汽车由液压驱动系统和热力发动机驱动系统组成。混合动力电动汽车则由热力发动机系统和电机或燃料电池和电能储存器组成。由热力发动机和电机组成的混合动力电动汽车常简称混合动力汽车（Hybrid Vehicle，HV），在没有特殊说明的情况下，本书中出现的 HV 或 HEV 均指此类车辆。由燃料电池和电能储存器组成的混合动力电动汽车则常缩写为 FCHV（Fuel Cell Hybrid Vehicle）。

二、混合动力汽车的分类

1. 按照动力系统划分

（1）串联式混合动力汽车

串联式混合动力汽车行驶系统的驱动力只来源于电机。其典型的结构特点是发动机带动发电机发电，电能通过电机控制器输送给电机，由电机驱动车辆行驶。另外，动力蓄电池可以单独向电机提供电能驱动车辆行驶。

（2）并联式混合动力汽车

并联式混合动力汽车行驶系统的驱动力由电机及发动机同时或分别单独供给。其典型的结构特点是并联式驱动系统可以单独使用发动机或电机作为动力源，也可以同时使用电机和发动机作为动力源驱动车辆行驶。

（3）混联式混合动力汽车

混联式混合动力汽车具备串联式和并联式两种混合动力系统结构。其典型的结构特点是可以在串联混合模式下工作，也可以在并联混合模式下工作，同时兼顾了串联式和并联式混合动力电动汽车的特点。

2. 按照混合度划分

（1）微混合型混合动力汽车

微混合型混合动力汽车以发动机为主要动力源，电机作为辅助动力，具备制动能量回收功能。电机的峰值功率和总功率的比值小于10%。仅具有停车怠速停机功能的汽车也可称为微混合型混合动力汽车。

（2）轻度混合型混合动力汽车

轻度混合型混合动力汽车以发动机为主要动力源，电机作为辅助动力，在车辆加速和爬坡时，电机可向车辆行驶系统提供辅助驱动力矩。一般情况下电机的峰值功率和总功率的比值大于10%。

（3）重度混合型混合动力汽车

重度混合型混合动力汽车以发动机和电机为动力源，一般情况下电机的峰值功率和总功率的比值大于30%，且电机可以独立驱动车辆正常行驶。

3. 按照外接充电能力划分

（1）外接充电型混合动力汽车

外接充电型混合动力汽车在正常使用情况下可从非车载装置中获取电能量，有外充电功能。仅当制造厂在其提供的使用说明书中或者以其他明确的方式推荐或要求进行车外充电时，混合动力汽车方可认为是外接充电型的。仅用作不定期的储能装置电量调节或维护目的，而非用作常规的车外能量补充，即使有车外充电能力，也不认为是外接充电型的车辆。插电式混合动力汽车属于此类型。

（2）非外接充电型混合动力汽车

非外接充电型混合动力汽车在正常使用情况下只能从车载燃料中获取全部能量，无外充电功能。

4. 按照行驶模式的选择方式划分

（1）有手动选择功能的混合动力汽车

具备行驶模式手动选择功能，车辆可选择的行驶模式包括发动机模式、纯电动模式和混合动力模式三种。

（2）无手动选择功能的混合动力汽车

不具备行驶模式手动选择功能，车辆的行驶模式根据不同工况自动切换。

5. 其他划分形式

按照可再充电能量储存系统不同可以划分为（但不限于）以下类型：

1）动力电池混合动力汽车。

2）超级电容器混合动力汽车。

3）机电飞轮混合动力汽车。

4）动力电池与超级电容器组合式混合动力汽车。

混合动力汽车按照其技术特征、燃料类型、功能结构和车辆用途等因素还可有其他划分形式。

三、混合动力汽车的结构与原理

1. 串联式混合动力汽车

串联式结构主要由发动机、发电机和驱动电机三大部件总成组成。串联式混合动力系统一般由发动机直接带动发电机发电，如图 2-1-1 所示。产生的电能通过控制单元传到蓄电池，再由蓄电池传输给电机转化为动能，最后通过变速机构来驱动汽车，也就是说发动机并不直接驱动车辆行驶。

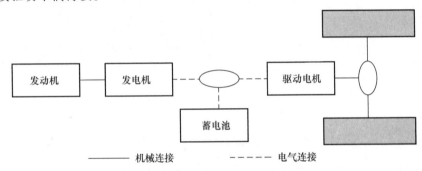

图 2-1-1　串联式混合动力汽车原理图

在串联式混合动力汽车上，由发动机带动发电机所产生的电能和蓄电池输出的电能共同输出到电机来驱动汽车行驶，电力驱动是唯一的驱动模式，如图 2-1-2 所示。

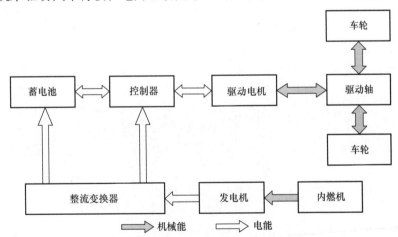

图 2-1-2　串联式混合动力汽车动力流程图

2. 并联式混合动力汽车

并联式混合动力汽车主要由发动机、电机两大部件总成组成。并联式混合动力系统包括传统的内燃机系统和电机驱动系统两套驱动系统。两个系统既可以同时协同工作，也可以各自单独工作驱动汽车,这种系统适用于多种不同的行驶工况。

并联式混合动力汽车原理如图 2-1-3 所示。发动机和电机通过某种变速装置同时与驱动桥直接连接。电机可以用来平衡发动机所受的载荷,使其能在高效率区域工作,因为通常发动机工作在满负荷(中等转速)下燃油经济性最好。当车辆在较小的路面载荷下工作时,内燃机车辆的发动机燃油经济性比较差,而并联式混合动力汽车的发动机此时可以被关闭而只用电机来驱动汽车,或者增加发动机的负荷使电机作为发电机,给蓄电池充电以备后用,即一边驱动汽车行驶一边充电。因为并联式混合动力汽车在稳定的高速下发动机具有比较高的效率和相对较小的质量,所以它在高速公路上行驶具有比较好的燃油经济性。

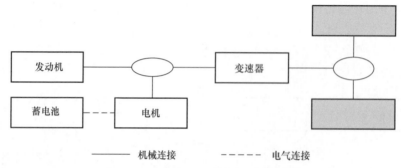

图 2-1-3 并联式混合动力汽车原理图

并联式驱动系统有两条能量传输路线,可以同时使用电机和发动机作为动力源来驱动汽车,这种设计方式可以使其以纯电或低排放的状态运行,但是此时不能提供全部的动力能源,如图 2-1-4 所示。

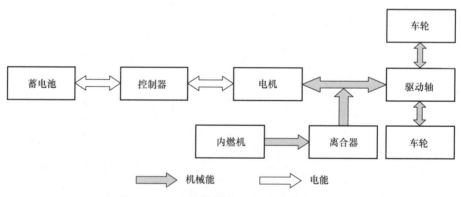

图 2-1-4 并联式混合动力汽车动力流程图

3. 混联式混合动力汽车

混联式混合动力汽车原理如图 2-1-5 所示。混联式驱动系统是串联式与并联式的综合。它的控制策略是在汽车低速行驶时驱动系统主要以串联方式工作,当汽车高速稳定行驶时以并联工作方式为主。发动机发出的功率一部分通过机械传动输送给驱动桥,另一部分则驱动发电机发电。发电机发出的电能输送给电机或蓄电池,电机产生的驱动力矩通过动力复合装置传送给驱动桥。

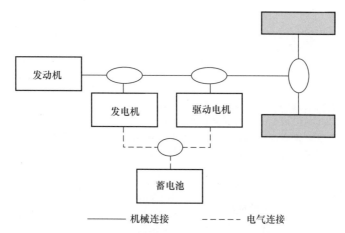

图 2-1-5 混联式混合动力汽车原理图

混联式混合动力汽车动力流程图如图 2-1-6 所示。混联式混合动力系统的特点在于内燃机系统和电机驱动系统各有一套机械变速机构,两套机构通过齿轮系或采用行星轮结构结合在一起,从而综合调节内燃机与电机之间的转速关系。与并联式混合动力系统相比,混联式动力系统可以更加灵活地根据工况来调节内燃机的功率输出和电机的运转,但相对来说结构也更加复杂。

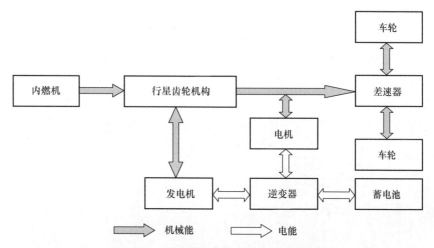

图 2-1-6 混联式混合动力汽车动力流程图

混合动力汽车串、并、混联式三种结构对比见表 2-1-1。

表 2-1-1 混合动力汽车类型的比较

结构模型	串联式	并联式	混联式
动力总成	发动机、发电机、驱动电机三大动力总成	发动机、电机两大动力总成	发动机、电动机(发电机)、电动机三大动力总成
驱动模式	电机是唯一的驱动模式	发动机驱动模式、电机驱动模式、发动机-电机混合驱动模式	发动机驱动模式、电机驱动模式、发动机-电动机混合驱动模式、电动机-电动机混合驱动模式

（续）

结构模型	串联式	并联式	混联式
传动效率	较低	较高	较高
制动能量回收	能够回收制动能量	能够回收制动能量	能够回收制动能量
整车总布置	三大动力总成之间没有机械式连接装置，结构布置的自由度较大，但三大动力总成的质量、尺寸都较大，一般在大型车辆上采用	发动机驱动系统保持机械式传动系统，发动机与电机两大动力总成之间被不同的机械装置连接起来，结构复杂，使布置受到一定的限制	三大动力总成之间采用机械装置连接，三大动力总成的质量、尺寸都较小，能够在小型车辆上布置，使结构更加紧凑
适用条件	适用于大型客车或货车，适应在路况较复杂的城市道路和普通公路上行驶，更加接近电动汽车性能	适用于中小型汽车，适应在城市道路和高速公路上行驶，接近普通的内燃机汽车性能	适用于各种类型的汽车，适应在各种道路上行驶，更加接近普通的内燃机汽车性能

四、比亚迪·秦混合动力汽车结构与原理

比亚迪·秦混合动力汽车是传统燃油车与纯电动汽车的结合体，有两套动力系统，一套以发动机、变速器等为主，另外一套以动力电池、电机驱动系统等为主，是典型的并联式插电混合动力汽车。

1. 比亚迪·秦混合动力汽车结构

比亚迪·秦混合动力汽车在结构组成上除一般汽车所需的底盘外，主要由发动机、驱动电机、动力电池、逆变器、变速器总成、车载充电器、交流充电口等组成，如图 2-1-7 所示。

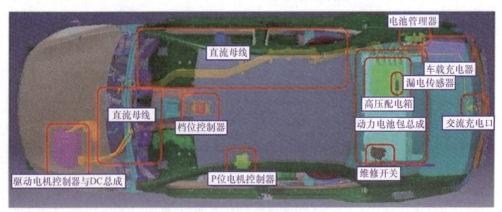

图 2-1-7 比亚迪·秦系统组成

（1）发动机

比亚迪·秦混合动力汽车搭载的是由比亚迪自主研发的 476ZQA 发动机，该发动机排量为 1.5L，带废气涡轮增压，最大转矩为 240N·m，在发动机转速 5200r/min 时功率可达 113kW。发动机布置在车辆前舱，输出轴与双离合器相连，可在混合动力工况及纯油工况时为车辆驱动提供动力。

（2）驱动电机

比亚迪·秦混合动力汽车上配置的是交流永磁同步电机。电机由外圈的定子与内圈的转子组成，是汽车的动力源之一，向外输出转矩驱动汽车前进后退；同时也可以作为发电机发电(例如在滑行、制动过程中通过电机将动能转化为电能存储)。它具有高密度、小型轻量化、高效率、高可靠性、高耐久性、强适应性等特点。电机工作参数见表2-1-2。

表 2-1-2 电机工作参数

额定功率	40kW
最大功率	110kW
最大转速	12000r/min
最大转距	250N·m

（3）动力电池

比亚迪·秦的动力电池安装在车辆后排座椅与行李舱之间，充分地利用了车辆空间。动力电池由10个模组组成，各模组内部的单体电池数量不等，单体电池总数为152节，为磷酸铁锂电池，单体电压3.3V，动力电池总电压为501.6V，满电状态下可储电能26kW·h。

（4）逆变器

逆变器的主要功能是将动力电池的直流电转换成三相交流电供给电机使用。比亚迪·秦的逆变器安装在车辆前舱，和电机距离较近，离动力电池包距离较远。在连接上，直流母线通过橙色高压线束经车辆地板连接至位于动力电池包上方的高压配电箱中，三相交流线束直接从前舱与电机接线柱连接。

（5）车载充电器

拥有车载充电器是PHEV和HEV的最大区别。当电池组电量不足时不仅可以通过发动机带动发电机为电池组充电，还可以通过外接电源经过车载充电器为电池组补足能量。目前市场上的插电式混合动力汽车在充电时大多采用交流充电，因此充电座在设计时只有一个，供交流充电使用。

（6）变速器总成

变速器的作用是将发动机和驱动电机的转速、转矩转换成单一输出。比亚迪·秦采用6HDT35变速器，具有以下特点。

1）优点。

① 瞬时传动比恒定，可按需要设计。
② 传动平稳且传动比范围大，可用于增速和减速。
③ 传动效率高，高达99%以上。
④ 传动可分性，在中心距小范围变化时可保证定传动比传动。
⑤ 结构紧凑，易于布置。

2）缺点。

① 制造成本高。
② 加工精度高，低精度传动噪声高。
③ 无过载保护措施。

2. 比亚迪·秦混合驱动装置的工作原理

比亚迪·秦既可以实现混合动力驱动,还能实现纯电动驱动、能量回馈,具体有以下五种工况。

(1) EV 纯电动模式

纯电动工作模式下动力电池提供电能,供电机驱动车辆,如图 2-1-8 所示,可以满足各种工况行驶,如起步、倒车、怠速、急加速、匀速行驶等。

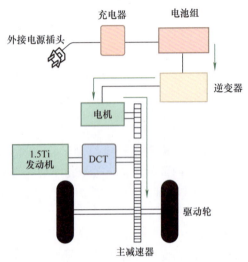

图 2-1-8　EV 纯电动模式

注:绿色箭头表示能量及动力传递路径,下同。

(2) HEV 稳定发电模式

当电量不足时系统从 EV 模式自行切换到 HEV 模式,使用发动机驱动车辆。在车辆以较稳定的速度行驶时,发动机输出的一部分转矩会驱动电机发电,对动力电池进行充电,如图 2-1-9 所示。

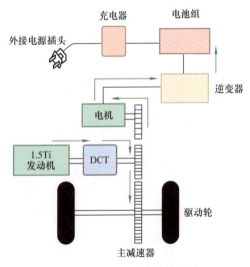

图 2-1-9　HEV 稳定发电模式

（3）HEV 混动模式

当用户从 EV 模式切换到 HEV 模式后，车辆由发动机和电机共同驱动，实现了最佳的动力性，但仍能保证混合动力系统具有良好的经济性，如图 2-1-10 所示。

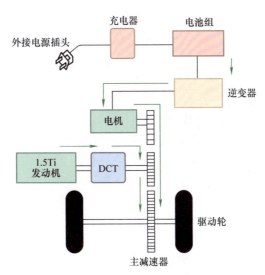

图 2-1-10　HEV 混动模式

（4）HEV 燃油驱动模式

当电量不足或高压系统故障时，可单独使用发动机驱动，实现了高压系统的独立性，如图 2-1-11 所示。

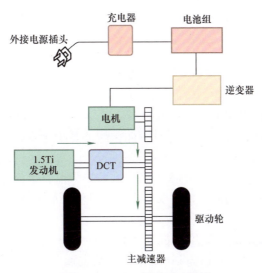

图 2-1-11　HEV 燃油驱动模式

（5）能量回馈工作模式

在车辆减速时，电机将车辆需要降低车速的动能转化为电能储存在动力电池内，如图 2-1-12 所示。

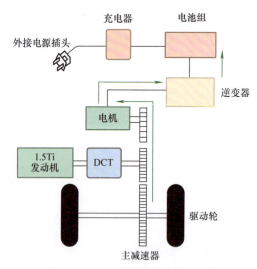

图 2-1-12　能量回馈工作模式

实训演练

比亚迪·秦混合动力汽车结构认知

实训要求

一、安全防护要求

1. 维修技师必须穿戴必要的安全防护用品，如绝缘手套、绝缘鞋、绝缘胶垫和防护眼镜等，其电压等级必须大于需要测量的最高电压。

2. 使用前必须检查绝缘手套是否有破损或裂纹等，应完好无损，确保安全。

3. 使用前必须检查绝缘手套、绝缘鞋等防护用品是否干燥，不能在带水或潮湿状态下进行操作，确保安全。

4. 维修车辆时必须设置专职监护人一名，由监护人监督维修作业的全过程，包括维修技师作业、工具使用、防护用品、备件安全保护、维修环境警示牌是否符合要求。

① 检查维修开关的接通和断开。

② 负责对维修过程中的安全维修操作规程进行检查，在进行较复杂或较危险的作业时，监护人要按安全维修操作规程指挥操作，维修技师在做完一个操作后要告知监护人，监护人要在作业流程单上标记。

③ 监护人要认真负责，确保维修过程的安全，避免发生安全责任事故。

5. 监护人及维修技师应持证上岗，须有丰富的电器维修经验，经考核合格后方能上岗。

6. 严禁未经培训的人员进行高压部分检修，禁止一切带有侥幸心理的危险操作，避免发生安全事故。

二、安全维修操作规范

1. 高压部件识别，整车橙色线束均为高压线。

2. 高压部件包括动力电池包、高压配电箱、车载充电器、电机控制器及 DC/DC 总成、电动空调压缩机、PTC 加热器、维修开关。

3. 检修高压系统时整车电源必须处于 OFF 档，并且车辆处于非充电状态，拔下维修开关。维修开关拔下后由专职监护人员保管，并确保在维修过程中不会有人将其插上。

> **注意**：当需要维修或更换高压配电箱时，应小心拔出连接电池包的正、负极高压插接件，使用绝缘胶带包好裸露出的电线头，避免触电。

4. 在断开维修开关 5min 后，检修高压系统前应使用万用表测量高压回路，确保无电。

① 测量电池包正极和车身之间的电压来初步判断是否漏电。若检测到电压大于等于 50V，则说明电池包漏电，应立即停止操作。

② 使用万用表测量高压时需注意选择正确量程，检测用万用表精度不低于 0.5 级，要求具有直流电压测量档位，量程范围不小于或等于 600V 并遵守单手操作原则。

③ 所使用的万用表一根表笔线上配备绝缘鳄鱼夹（要求耐压为 3kV，过电流能力大于 5A），测量时先把夹子夹到电路的一个端子，然后将另一只表笔接到需测端子测量读数。每次测量时只能用一只手握住表笔，测量过程中严禁触摸表笔金属部分。

5. 在进行低压调试时维修开关不装配，在进行高压调试时，必须由专职监护人指挥装配维修开关。

6. 高压调试必须在低压调试好的前提下进行，便于判断动力电池是否有漏电的情况，如有漏电情况应及时检查，不能进行高压调试。

7. 拆装动力电池包总成时，首先把高压配电箱连接高压线束插接件用绝缘胶带缠好，拆装过程不要损坏线束，以免发生触电事故。

8. 检修或更换高压线束、油管等经过车身钣金孔的部件时，需注意检查与车身钣金的防护是否正常，避免线束、油管磨损。

实训准备

1. 设备：比亚迪·秦汽车、安全防护套装、新能源汽车检测工具。
2. 资料：《新能源汽车综合故障诊断》教材、比亚迪·秦维修手册。
3. 耗材：抹布等。

实训步骤

1. 指出比亚迪·秦混合动力汽车上发动机安装位置，并描述其功能。
2. 指出比亚迪·秦混合动力汽车上电机安装位置，并描述其功能。
3. 指出比亚迪·秦混合动力汽车上动力电池安装位置，并描述其功能。
4. 指出比亚迪·秦混合动力汽车上逆变器安装位置，并描述其功能。
5. 指出比亚迪·秦混合动力汽车上车载充电器安装位置，并描述其功能。
6. 指出比亚迪·秦混合动力汽车上变速器总成安装位置，并描述其功能。

整理清洁

按照 7S 管理标准，整理工具和场地。

任务练习

一、选择题

1. 下列关于混合动力汽车说法不正确的是（　　）。
   A. 混合动力汽车是指携带有不同动力源，可根据汽车的行驶需要，同时或分别使用不同的动力源而行驶的汽车
   B. 混合动力汽车与传统汽车最大的区别是动力传动系统一般都至少拥有两个动力源和两个能量储存装置
   C. 混合动力汽车可分为液压蓄能式混合动力汽车（Hydraulic Hybird Vehicle，HHV）和混合动力电动汽车（Hybrid Electric Vehicle，HEV）两大类
   D. 由热力发动机、液压驱动系统、电机组成的混合动力电动汽车常简称为混合动力汽车（Hybrid Vehicle，HV）

2. 按照动力系统划分，下列不属于混合动力汽车类型的是（　　）。
   A. 串联式混合动力汽车
   B. 并联式混合动力汽车
   C. 组合式混合动力汽车
   D. 混联式混合动力汽车

3. 下列关于并联式混合动力汽车说法正确的是（　　）。
   A. 并联式结构主要由发动机、电机两大部件总成组成
   B. 并联式结构主要由发动机、发电机和驱动电机三大部件总成组成
   C. 电力驱动是唯一的驱动模式
   D. 并联式混合动力系统一般由发动机直接带动发电机发电

4. 下列关于比亚迪·秦混合动力汽车结构描述不正确的是（　　）。
   A. 比亚迪·秦混合动力汽车发动机布置在车辆前舱，输出轴与双离合器相连，可在混合动力工况及纯油工况时为车辆驱动提供动力
   B. 比亚迪·秦混合动力汽车上配置的是直流永磁同步电机
   C. 比亚迪·秦的动力电池安装在车辆后排座椅与行李舱之间，电池总电压为 501.6V，满电状态下可储电能 26kW·h
   D. 比亚迪·秦的逆变器安装在车辆前舱，和电机距离较近，离动力电池包距离较远

5. 下列关于比亚迪·秦混合驱动装置的工作原理说法不正确的是（　　）。
   A. 比亚迪·秦只具有 EV 纯电动模式、HEV 稳定发电模式、HEV 混动模式和能量回馈工作模式这四种工作情况
   B. EV 纯电动工作模式下，动力电池提供电能，供电机驱动车辆，可以满足各种工况行驶的需求。当电量不足时，系统从 EV 模式自行切换到 HEV 模式，使用发

动机驱动。
C. 当电量不足或高压系统故障时，可单独使用发动机驱动
D. 在车辆减速时，电机将车辆需要降低的动能转化为电能储存在动力电池内

二、判断题

1. 比亚迪·秦是典型的混联式插电式混合动力汽车。（　　）
2. 比亚迪·秦既可以实现混合动力驱动，还能实现纯电动驱动、能量回馈等形式驱动。
（　　）
3. 逆变器的主要功能是将动力电池的直流电转换成三相交流电供给电机使用。（　　）
4. 非外接充电型混合动力汽车在正常使用情况下只能从车载燃料中获取全部能量，无外充电功能。（　　）
5. 混联式混合动力汽车的控制策略是，在汽车低速行驶时驱动系统主要以并联方式工作，当汽车高速稳定行驶时以串联工作方式为主。（　　）

三、简答题

简述混合动力汽车的类型。

任务二　混合动力汽车动力电池系统故障诊断与排除

一辆比亚迪·秦混合动力汽车，客户反映车辆不能使用 EV 模式且仪表显示"请检查动力系统"，经维修技师使用故障诊断仪检查发现动力电池管理系统存在故障码。请学习任务相关知识，帮助客户解决问题，并在此基础上整理出故障诊断与排除具体方法与步骤。

学习目标

1. 能描述比亚迪·秦混合动力汽车动力电池系统组成及部件作用。
2. 能描述比亚迪·秦混合动力汽车动力电池系统故障诊断与排除方法。
3. 能描述比亚迪·秦混合动力汽车电池管理系统故障诊断与排除方法。

知识储备

一、混合动力汽车动力电池系统结构原理

比亚迪·秦混合动力汽车动力电池系统主要由动力电池（包括电池模组和电池箱体）、电池管理系统以及辅助装置和结构部件组成。

1. 动力电池

动力电池是动力电池系统的核心部件，主要由电池模组、箱体、辅助加热装置、维修开关等组成。动力电池作为混合动力汽车辅助动力来源的电源，其作用是给驱动电机提供所需电能从而带动汽车行驶；动力电池辅助加热装置主要在工作温度较低的情况下给动力电池加热，使其达到正常温度范围并具有良好的工作性能；动力电池箱体相当于动力电池的壳体，其主要用于安装和保护动力电池。

（1）电池模组

混合动力汽车动力电池是能量储存装置，它是车辆的核心组成部件之一，其性能好坏直接关系到混合动力汽车的动力性能、续驶能力，同时也影响着车辆的使用安全性。

比亚迪·秦的动力电池由10个模组、10个信息采集器、串联线、电池支架、密封罩和采样线组成，如图2-2-1所示。

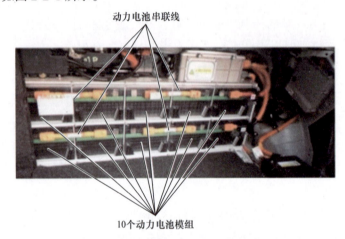

a) 动力电池系统组成(行李舱视角)

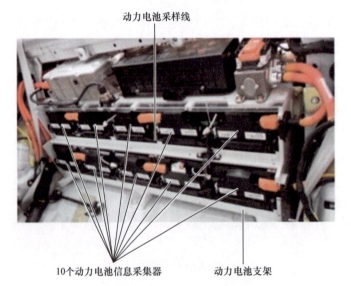

b) 动力电池系统组成(后排座椅视角)

图2-2-1 动力电池模组

10个动力电池模组由14～18节数量不等的电池单体串联而成，其中上层电池模块有14节单体电池，下层电池模块有18节单体电池。电池模块是单体电池在物理结构和电路上连接起来的最小分组，每一个电池模块由多个并联的单体电池组合而成，它是单体电池的并联集成体；单体电池是构成动力电池模块的最小单元，相邻单体电池之间用绝缘板隔开；电池模组是由电池模块串联而成的单元；动力电池是对外输出电能量的电源体，由若干电池模组串联而成。动力电池模组连接方式如图2-2-2所示。

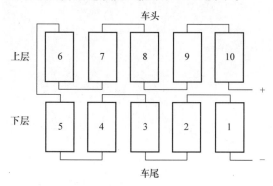

图 2-2-2　动力电池模组连接方式

（2）辅助加热装置

动力电池辅助加热装置是在温度较低的情况下预热动力电池使其达到正常的工作温度，从而保证动力电池的使用性能。动力电池辅助加热装置主要由电池PTC组成。当混合动力汽车需要工作时，电池管理器根据车辆的上电信号和动力电池温度信号控制电池PTC工作，逐步加热动力电池，使动力电池的工作温度达到正常的温度范围。

（3）电池箱体

动力电池箱体是支撑、固定、包围动力电池的组件，有承载及保护动力电池组及电气元件的作用。电池箱体的外表面颜色要求为银灰色、黑色或亚光色，并且外表面还包含产品铭牌、动力电池序号、出货检测标签、物料追溯编码以及高压警告标识。

（4）维修开关

混合动力汽车上的维修开关也称为高压维修塞，它可以在维修时提供安全的维修环境，也可以对电力系统起到安全保护的功能。

2. 电池管理系统

电池管理系统（Battery Management System，BMS）是保护和管理电池的核心部件，是连接动力电池和电动汽车的重要纽带。电池管理系统不仅需要保证电池的安全可靠，而且要充分发挥电池的能力，延长电池使用寿命。它通过控制接触器控制动力电池组的充放电，并向整车控制系统上报动力电池系统的基本参数及故障信息。

比亚迪·秦采用的是分布式电池管理系统，由1个电池管理器（BMC）和10个电池信息采集器（BIC）及全套动力电池采样线组成，如图2-2-3所示。

电池管理器位于行李舱车身右C柱内板后段，如图2-2-4所示。它的主要功能有充放电管理、接触器控制、功率控制、电池异常状态报警和保护、SOC/SOH计算、自检以及通信等。

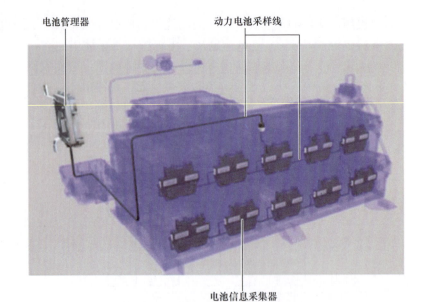

图 2-2-3 比亚迪·秦电池管理系统组成

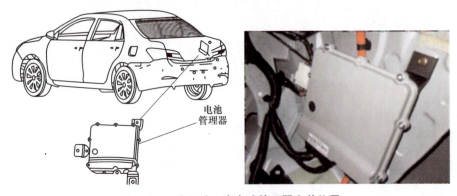

图 2-2-4 比亚迪·秦电池管理器安装位置

电池信息采集器位于动力电池内部每个电池模组的前端，如图 2-2-5 所示。它的主要功能有电池电压采样、温度采样、电池均衡和采样线异常检测等。

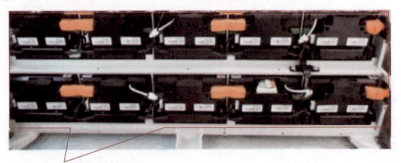

图 2-2-5 比亚迪·秦电池信息采集器

动力电池采样线的主要功能是连接电池管理器和电池信息采集器，实现二者之间的通信及信息交换，如图 2-2-6 所示。

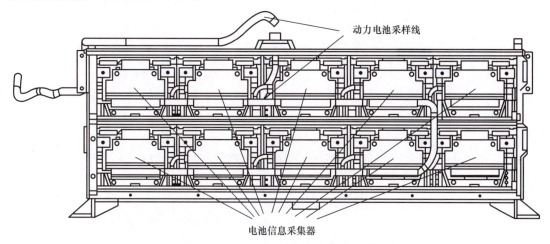

图 2-2-6　比亚迪·秦电池信息采集器

电池管理系统组成框图如图 2-2-7 所示，由电池信息采集器（BIC）、车载充电器、漏电传感器、高压配电箱、高压互锁监测、碰撞硬线信号、模组内部接触器等组成。

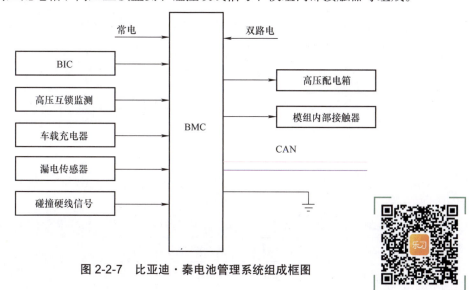

图 2-2-7　比亚迪·秦电池管理系统组成框图

2-1　电池管理系统的系统监测

二、动力电池系统故障诊断与排除

1. 动力电池系统常见故障类型及排除方法

动力电池系统故障繁多，常见故障类型及排除方法见表 2-2-1。

2. 动力电池系统故障诊断流程

动力电池系统故障诊断流程如图 2-2-8 所示。

表 2-2-1 动力电池系统常见故障类型及排除方法

故障类型	故障排除方法
续驶里程异常故障	1. 读取故障码和数据流，确定故障 2. 动力电池满电状态路试检查续驶里程是否异常，若有异常则更换动力电池
BIC 工作异常 / 通信故障	1. 先读取电池管理器故障码，查看是否出现 BIC 工作异常（如报 BIC 电压、温度、采样异常故障）再读取电池管理器单体电池电压、单体电池温度数据流 2. 确认 BIC 供电、搭铁是否正常，CAN 线电压是否正常，若异常则更换动力电池
电压采样异常故障	1. 先读取电池管理器故障码，查看是否出现 BIC 电压采样异常故障，再读取电池管理器模组电压数据 2. 检查动力电池模组采样线束是否接插存在异常，若异常则更换采样线束 3. 确认 BIC 供电、搭铁是否正常，CAN 线电压是否正常，若无异常则更换动力电池
温度采样异常故障	1. 先读取电池管理器故障码，再读取电池管理器单体电池温度数据流，若温度显示 -40℃和 110℃，则更换动力电池 2. 检查动力电池模组采样线束是否接插存在异常，若异常则更换采样线束 3. 检查采样信息有无异常，若异常则更换动力电池
单体电压过低 / 高故障	先读取电池管理器故障码，再读取电池管理器单体电池电压数据流，若电压显示 0V（最低）或 4.99V（最高），则更换动力电池
预充失败故障	1. 读取高压电池管理器在 ON 档时，预充、分压、接触器状态能否吸合 2. 确认动力电池电压输出是否正常，若异常则更换动力电池
高压互锁 1 故障	测量动力电池低压插接件的高压互锁线路是否导通，若不导通则更换动力电池
漏电故障	1. 确认动力电池箱体是否磕碰、进水 2. 断开漏电传感器，点火开关置于 ON 档时读取电池管理系统是否报漏电故障 3. 点火开关置于 ON 档瞬间，分别测量动力电池正、负极对车身的电压，若两电压值之和约等于动力电池总电压，则更换动力电池 4. 电池管理系统有严重漏电故障时，排除其他高压部件无漏电情况后，可确认动力电池漏电，更换动力电池

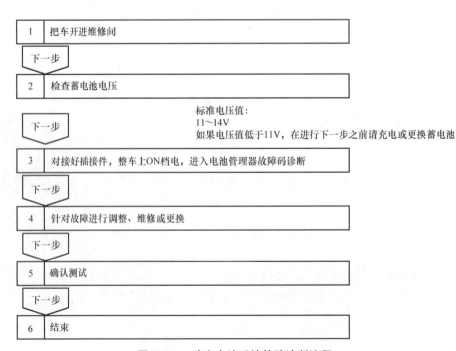

图 2-2-8 动力电池系统故障诊断流程

3. 动力电池系统故障诊断与排除

（1）确认故障现象

比亚迪·秦车辆上 OK 电后发动机起动，无法转换到 EV 模式，当前电量 12%，动力系统故障灯点亮，仪表显示"请检查动力系统"，读取故障码为 P1A3400- 预充失败故障。

（2）分析故障原因

根据预充原理分析，导致该故障的原因如下：

1）动力电池或 BIC 故障。

2）BMS 故障。

3）驱动电机控制器故障。

4）线路连接故障。

（3）故障诊断修复

1）在上 OK 电的预充过程中读取驱动电机控制器数据流，发现当前总电压最高为 13V，无高压输入，如图 2-2-9 所示。

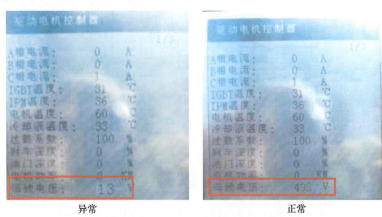

图 2-2-9　驱动电机控制器数据流

2）在上 OK 电的预充过程中读取高压 BMS 数据流，确认 4 个分压接触器、预充接触器。负极接触器皆处于正常的吸合状态，由此可判断 BMS 控制的各接触器正常，应为某个接触器或电池包故障，导致高压电并未输入至驱动电机控制器，如图 2-2-10 所示。

3）根据高压电的走向，依次进行测量，如图 2-2-11 所示。

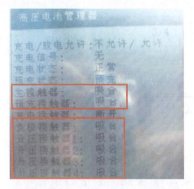

图 2-2-10　高压 BMS 数据流

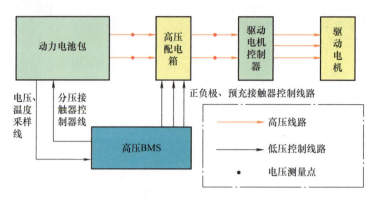

图 2-2-11 根据高压电走向依次进行测量

4)整车退电再上 ON 档电,测量电池包正负极电压为 0V(正常应为电池包总电压),故分析是某分压接触器未正常吸合或电池模组故障导致,如图 2-2-12 所示。

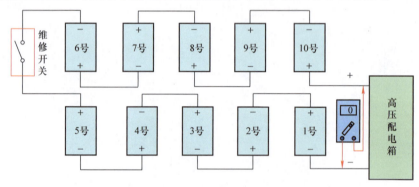

图 2-2-12 测量电池包正负极

5)分别对 10 个电池模组电压进行测量,如图 2-2-13 所示。测量发现 2 号模组电压为 0V,确认 2 号电池模组故障或 2 号模组的分压接触器线路故障、BMS 故障。

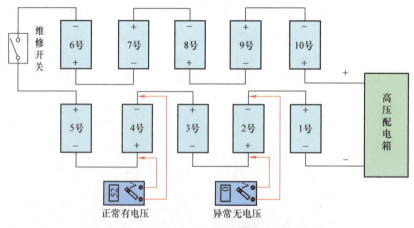

图 2-2-13 分别对 10 个电池模组电压进行测量

6)拔开 2 号模组分压接触器插接件,测量线束端电压,两根线路之间有 12V 电压,如图 2-2-14 所示,证明 BMS 及线路端正常,更换 2 号模组,故障排除。

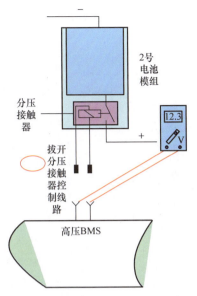

2-2 BMS 系统故障检测

图 2-2-14 两根线路之间有 12V 电压

三、电池管理系统故障诊断与排除

1. 电池管理系统常见故障类型及排除方法

电池管理系统故障繁多，常见故障类型及排除方法见表 2-2-2。

表 2-2-2 电池管理系统常见故障类型及排除方法

故障类型	故障排除方法
CAN 通信类故障	1. 确认线束是否接插存在异常 2. 测量 BMS 供电、搭铁是否正常，若正常则更换 BMS 3. 测量 BMS CAN-H 对 CAN-L、CAN-H 对搭铁、CAN-L 对搭铁电阻（终端电阻 CAN-H 对 CAN-L 为 120Ω 左右）是否正常，若异常则更换 BMS
电流霍尔类故障	1. 确认 BMS 与霍尔连接线束是否损坏、松动 2. 测量 BMS 插接件端霍尔线束供电是否为 ±15V，若异常则更换 BMS
无法采集电压/温度信息故障	1. 确认 BMS 与动力电池低压插接件线束是否存在异常 2. 检查采集端子紧固螺栓是否松动，若松动则重新紧固 3. 单个温度数据缺失时应检查中间对接插头，若无连接异常则传感器损坏，更换即可
高压互锁 1 故障	1. 确认线束是否接插存在异常 2. 测量 BMS 高压互锁回路是否导通，若导通则更换 BMS
漏电类故障	1. 断开漏电传感器高压端，点火开关置于 ON 档时读取电池管理系统是否报漏电故障，若报故障则依次检查漏电传感器、BMS、线路 2. 测量 BMS 插接件端 CAN-H 对 CAN-L、CAN-H 对搭铁、CAN-L 对搭铁电阻（终端电阻 CAN-H 对 CAN-L 为 120Ω 左右），若异常则更换 BMS
预充失败故障	1. 读取驱动电机控制器与 DC/DC、电动压缩机及 PTC 在 ON 档瞬间负极、预充、分压接触器状态，检查能否吸合，若无法吸合则依次检查动力电池、高压配电箱、负载电器 2. 测量 BMS 插接件端 CAN-H 对 CAN-L、CAN-H 对搭铁、CAN-L 对搭铁电阻（终端电阻 CAN-H 对 CAN-L 为 120Ω 左右），若异常则更换 BMS

2. 电池管理系统电路

电池管理系统电路如图 2-2-15 所示。

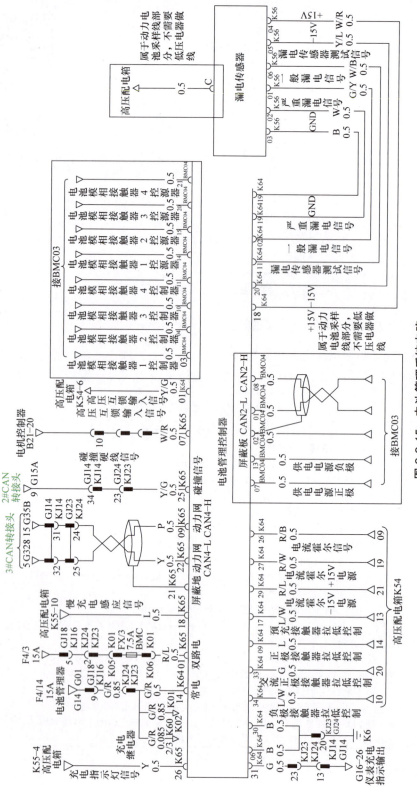

图 2-2-15 电池管理系统电路

3. 电池管理系统控制单元端子定义与检测数据

电池管理系统控制单元端子分布如图 2-2-16 所示。

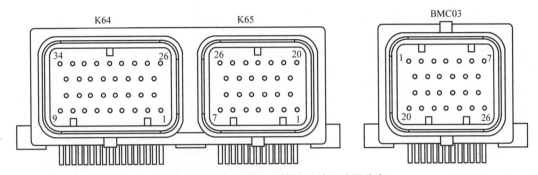

图 2-2-16 电池管理系统控制单元端子分布

电池管理系统控制单元端子检测数据见表 2-2-3。

表 2-2-3 电池管理系统控制单元端子检测数据

连接端子	端子描述	线色	条件	正常值
K64-1—GND	维修开关输出信号	Y/G	ON 档 /OK 档 / 充电	PWM 脉冲信号
K64-2—GND	一般漏电信号	G/Y	一般漏电	小于 1V
K64-6—GND	整车低压搭铁	B	始终	小于 1V
K64-9—GND	正极接触器	L	整车上高压电	小于 1V
K64-10—GND	严重漏电信号	G/Y	严重漏电	小于 1V
K64-11—GND	漏电测试信号	W/B	—	—
K64-14—GND	12V 蓄电池正	G/R	ON 档 /OK 档 / 充电	9～16V
K64-17—GND	预充接触器	l/w	预充过程中	小于 1V
K64-18—GND	漏电传感器电源正	W/R	ON 档 /OK 档 / 充电	9～16V
K64-19—GND	漏电传感器搭铁	B	始终	2.5～3.5V
K64-20—GND	漏电传感器电源负	Y/L	ON 档 /OK 档 / 充电	−16～−9V
K64-26—GND	电流霍尔输出信号	R/B	电源 ON 档	0～4.2V
K64-27—GND	电流霍尔电源正	R/w	ON 档 /OK 档 / 充电	9～16V
K64-29—GND	电流霍尔电源负	R	ON 档 /OK 档 / 充电	−16～−9V
K64-30—GND	整车低压搭铁	B	始终	小于 1V
K64-31—GND	仪表充电指示灯信号		车载充电时	—
K64-33—GND	慢充正极接触器	G	上 ON 档电后 2s	小于 1V
K64-34—GND	负极接触器	L/Y	始终	小于 1V
K65-1—GND	DC12V 电源正	R/L	电源 ON 档 / 充电	11～14V
K65-7—GND	高压互锁输入信号	W/R	ON 档 /OK 档 / 充电	PWM 脉冲信号
K65-9—GND	整车 CAN-H	p	ON 档 /OK 档 / 充电	2.5～3.5V

(续)

连接端子	端子描述	线色	条件	正常值
K65-18—GND	慢充感应信号	L	车载充电时	小于1V
K65-21—GND	整车CAN搭铁	B	始终	小于1V
K65-22—GND	整车CAN-L	V	ON档/OK档/充电	1.5~2.5V
K65-25—GND	碰撞信号	L	起动	约-15V
K65-26—GND	车载充电指示灯信号		车载充电时	
BMC03-1—GND	采集器CAN-L	y	ON档/OK档/充电	1.5~2.5V
BMC03-2—GND	采集器CAN搭铁	B	始终	小于1V
BMC03-3—GND	模组接触器1控制	R/L	模组继电器吸合时	小于1V
BMC03-4—GND	模组接触器2控制	R/Y	模组继电器吸合时	小于1V
BMC03-7—GND	BIC供电电源正	R	ON档/OK档/充电	9~16V
BMC03-8—GND	采集器CAN-H	w	ON档/OK档/充电	2.5~3.5V
BMC03-10—GND	模组接触器3控制	R/w	模组继电器吸合时	小于1V
BMC03-11—GND	模组接触器4控制	R/G	模组继电器吸合时	小于1V
BMC03-13—GND	GND	B	始终	小于1V
BMC03-14—GND	模组接触器1电源	L/B	ON档/OK档/充电	9~16V
BMC03-15—GND	模组接触器2电源	Y/B	ON档/OK档/充电	9~16V
BMC03-20—GND	模组接触器3电源	W/B	ON档/OK档/充电	9~16V
BMC03-21—GND	模组接触器4电源	G/B	ON档/OK档/充电	9~16V

4. 电池管理系统控制单元故障码

电池管理系统控制单元故障码见表2-2-4。

表2-2-4 电池管理系统控制单元故障码

编号	DTC	描述	应检查部位
1	P1A0000	严重漏电故障	动力电池、高压配电箱、电机控制器与DC总成、空调压缩机和PTC
2	P1A0100	一般漏电故障	动力电池、高压配电箱、电机控制器与DC总成、空调压缩机和PTC
3	P1A0200	BIC1工作异常故障	采集器1
4	P1A0300	BIC2工作异常故障	采集器2
5	P1A0400	BIC3工作异常故障	采集器3
6	P1A0500	BIC4工作异常故障	采集器4
7	P1A0600	BIC5工作异常故障	采集器5
8	P1A0700	BIC6工作异常故障	采集器6
9	P1A0800	BIC7工作异常故障	采集器7

(续)

编号	DTC	描述	应检查部位
10	P1A0900	BIC8 工作异常故障	采集器 8
11	P1A0A00	BIC9 工作异常故障	采集器 9
12	P1A0B00	BIC10 工作异常故障	采集器 10
13	P1A0C00	BIC1 电压采样断线故障	电池模组 1；软件会自己屏蔽掉，无需处理，若无法屏蔽则需更换电池模组
14	P1A0D00	BIC2 电压采样断线故障	电池模组 2；软件会自己屏蔽掉，无需处理，若无法屏蔽则需更换电池模组
15	P1A0E00	BIC3 电压采样断线故障	电池模组 3；软件会自己屏蔽掉，无需处理，若无法屏蔽则需更换电池模组
16	P1A0F00	BIC4 电压采样断线故障	电池模组 4；软件会自己屏蔽掉，无需处理，若无法屏蔽则需更换电池模组
17	P1A1000	BIC5 电压采样断线故障	电池模组 5；软件会自己屏蔽掉，无需处理，若无法屏蔽则需更换电池模组
18	P1A1100	BIC6 电压采样断线故障	电池模组 6；软件会自己屏蔽掉，无需处理，若无法屏蔽则需更换电池模组
19	P1A1200	BIC7 电压采样断线故障	电池模组 7；软件会自己屏蔽掉，无需处理，若无法屏蔽则需更换电池模组
20	P1A1300	BIC8 电压采样断线故障	电池模组 8；软件会自己屏蔽掉，无需处理，若无法屏蔽则需更换电池模组
21	P1A1400	BIC9 电压采样断线故障	电池模组 9；软件会自己屏蔽掉，无需处理，若无法屏蔽则需更换电池模组
22	P1A1500	BIC10 电压采样断线故障	电池模组 10；软件会自己屏蔽掉，无需处理，若无法屏蔽则需更换电池模组
23	P1A1600	BIC1 温度采样电路故障	采集器 1
24	P1A1700	BIC2 温度采样电路故障	采集器 2
25	P1A1800	BIC3 温度采样电路故障	采集器 3
26	P1A1900	BIC4 温度采样电路故障	采集器 4
27	P1A1A00	BIC5 温度采样电路故障	采集器 5
28	P1A1B00	BIC6 温度采样电路故障	采集器 6
29	P1A1C00	BIC7 温度采样电路故障	采集器 7
30	P1A1D00	BIC8 温度采样电路故障	采集器 8
31	P1A1E00	BIC9 温度采样电路故障	采集器 9
32	P1A1F00	BIC10 温度采样电路故障	采集器 10
33	P1A2000	BIC1 温度采样断线故障	电池模组 1；软件会自己屏蔽掉，无需处理，若无法屏蔽则需更换电池模组

（续）

编号	DTC	描述	应检查部位
34	P1A2100	BIC2 温度采样断线故障	电池模组 2；软件会自己屏蔽掉，无需处理，若无法屏蔽则需更换电池模组
35	P1A2200	BIC3 温度采样断线故障	电池模组 3；软件会自己屏蔽掉，无需处理，若无法屏蔽则需更换电池模组
36	P1A2300	BIC4 温度采样断线故障	电池模组 4；软件会自己屏蔽掉，无需处理，若无法屏蔽则需更换电池模组
37	P1A2400	BIC5 温度采样断线故障	电池模组 5；软件会自己屏蔽掉，无需处理，若无法屏蔽则需更换电池模组
38	P1A2F00	BIC6 温度采样断线故障	电池模组 6；软件会自己屏蔽掉，无需处理，若无法屏蔽则需更换电池模组
39	P1A2600	BIC7 温度采样断线故障	电池模组 7；软件会自己屏蔽掉，无需处理，若无法屏蔽则需更换电池模组
40	P1A2700	BIC8 温度采样断线故障	电池模组 8；软件会自己屏蔽掉，无需处理，若无法屏蔽则需更换电池模组
41	P1A2800	BIC9 温度采样断线故障	电池模组 9；软件会自己屏蔽掉，无需处理，若无法屏蔽则需更换电池模组
42	P1A2900	BIC10 温度采样断线故障	电池模组 10；软件会自己屏蔽掉，无需处理，若无法屏蔽则需更换电池模组
43	P1A2A00	BIC1 均衡电路故障	采集器 1
44	P1A2B00	BIC2 均衡电路故障	采集器 2
45	P1A2C00	BIC3 均衡电路故障	采集器 3
46	P1A2D00	BIC4 均衡电路故障	采集器 4
47	P1A2E00	BIC5 均衡电路故障	采集器 5
48	P1A2F00	BIC6 均衡电路故障	采集器 6
49	P1A3000	BIC7 均衡电路故障	采集器 7
50	P1A3100	BIC8 均衡电路故障	采集器 8
51	P1A3200	BIC9 均衡电路故障	采集器 9
52	P1A3300	BIC10 均衡电路故障	采集器 10
53	P1A3400	预充失败故障	动力电池、高压配电箱、电机控制器与 DC 总成、空调压缩机和 PTC 以及高压线束、漏电传感器
54	P1A3500	动力电池单体电压严重过高	动力电池
55	P1A3600	动力电池单体电压一般过高	动力电池
56	P1A3700	动力电池单体电压严重过低	动力电池
57	P1A3800	动力电池单体电压一般过低	动力电池

（续）

编号	DTC	描述	应检查部位
58	P1A3900	动力电池单体温度严重过高	动力电池
59	P1A3A00	动力电池单体温度一般过高	动力电池
60	P1A3B00	动力电池单体温度严重过低	动力电池
61	P1A3C00	动力电池单体温度一般过低	动力电池
62	P1A3D00	负极接触器回检故障	电池管理器低压线束、配电箱、配电箱低压线束
63	P1A3E00	正极接触器回检故障	电池管理器低压线束、配电箱、配电箱低压线束
64	P1A3F00	预充接触器回检故障	电池管理器低压线束、配电箱、配电箱低压线束
65	P1A4000	充电接触器回检故障	电池管理器低压线束、配电箱、配电箱低压线束
66	P1A4100	主接触器烧结故障	配电箱
67	P1A4200	负极接触器烧结故障	配电箱
68	P1A4300	电池管理器 +15V 供电过高故障	电池管理器、蓄电池
69	P1A4400	电池管理器 +15V 供电过低故障	电池管理器、蓄电池
70	P1A4500	电池管理器 -15V 供电过高故障	电池管理器、蓄电池
71	P1A4600	电池管理器 -15V 供电过低故障	电池管理器、蓄电池
72	P1A4700	交流充电感应信号断线故障	车载充电器、电池管理器、低压线束
73	P1A4800	主电机开盖故障	电机控制器
74	P1A4900	高压互锁自检故障	电池管理器、高压配电箱、维修开关、电机控制器与DC总成、低压线束
75	P1A4A00	高压互锁一直检测为高信号故障	电池管理器、高压配电箱、维修开关、电机控制器与DC总成、低压线束
76	P1A4B00	高压互锁一直检测为低信号故障	电池管理器、高压配电箱、维修开关、电机控制器与DC总成、低压线束
77	P1A4C00	漏电传感器失效故障	漏电传感器、低压线束、电池管理器
78	P1A4D00	电流霍尔传感器故障	霍尔传感器
79	P1A4E00	电池组过电流告警	整车电流过大、霍尔传感器故障
80	P1A4F00	电池管理系统初始化错误	电池管理器
81	P1A5000	电池管理系统自检故障	电池管理器
82	P1A5100	碰撞硬线信号 PWM 异常告警（预留）	安全气囊 ECU、低压线束、电池管理器
83	P1A5200	碰撞系统故障（预留）	安全气囊 ECU、低压线束、电池管理器

（续）

编号	DTC	描述	应检查部位
84	P1A5300	气囊 ECU CAN 碰撞报警	安全气囊 ECU、低压线束、电池管理器
85	P1A5400	碰撞硬线报警	安全气囊 ECU、低压线束、电池管理器
86	P1A5500	电池管理器 12V 电源输入过高	蓄电池
87	P1A5600	电池管理器 12V 电源输入过低	蓄电池
88	P1A5700	大电流拉断接触器（预留）	整车电流过大、霍尔传感器故障
89	P1A5800	放电回路故障（预留）	—
90	P1A5900	与电机控制器通信故障	电机控制器、低压线束
91	P1A5A00	与漏电传感器通信故障	漏电传感器、低压线束
92	P1A5B00	与气囊 ECU 通信故障	气囊 ECU、低压线束
93	P1A5C00	分压接触器 1 回检故障	分压接触器、模组采样通信线
94	P1A5D00	分压接触器 2 回检故障	分压接触器、模组采样通信线
95	P1A5E00	分压接触器 3 回检故障	分压接触器、模组采样通信线
96	P1A5F00	分压接触器 4 回检故障	分压接触器、模组采样通信线
97	U20B000	BIC1 CAN 通信超时故障	采集器、CAN 线
98	U20B100	BIC2 CAN 通信超时故障	采集器、CAN 线
99	U20B200	BIC3 CAN 通信超时故障	采集器、CAN 线
100	U20B300	BIC4 CAN 通信超时故障	采集器、CAN 线
101	U20B400	BIC5 CAN 通信超时故障	采集器、CAN 线
102	U20B500	BIC6 CAN 通信超时故障	采集器、CAN 线
103	U20B600	BIC7 CAN 通信超时故障	采集器、CAN 线
104	U20B700	BIC8 CAN 通信超时故障	采集器、CAN 线
105	U20B800	BIC9 CAN 通信超时故障	采集器、CAN 线
106	U20B900	BIC10 CAN 通信超时故障	采集器、CAN 线
107	U029700	有感应信号但没有车载报文故障	车载充电器、低压线束
108	U012200	有感应信号但没有启动 BMS 报文故障（低压 BMS）	蓄电池、低压线束
109	P1A6000	高压互锁故障	电池管理器、高压配电箱、维修开关、电机控制器与 DC 总成、低压线束

5. 电池管理系统故障诊断与排除

（1）确认故障现象

比亚迪·秦上OK电发动机起动，无法使用EV模式，仪表显示"请检查动力系统"，动力系统故障灯亮；BMS报故障码P1A6000-高压互锁故障，故障码无法清除。

（2）分析故障原因

比亚迪·秦主要高压插接件（电池管理器、高压配电箱、维修开关、驱动电机控制器与DC总成）均带有互锁回路，当其中某个插接件被带电断开时，BMS便会检测到高压互锁回路存在断路，为保护人员安全将立即进行报警并断开主高压回路电气连接，同时激活主动泄放。高压互锁流程如图2-2-17所示。

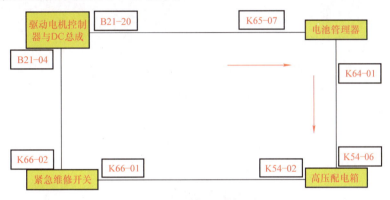

图2-2-17　高压互锁流程

（3）故障诊断修复

1）读取故障码。高压电池管理器报故障码"P1A6000-高压互锁故障""P1A4A00-高压互锁一直检测为高信号故障"，且故障码无法清除，如图2-2-18所示。

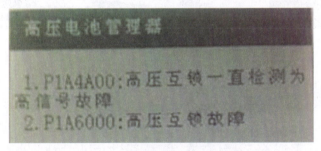

图2-2-18　读取高压系统故障码

2）使用故障诊断仪读取动力电池管理器及电机控制器数据流，如图2-2-19所示。

3）测量高压互锁端子及低压互锁线束。

① 测量高压电池管理器K64-01与K65-07之间的导通性，不导通（电阻无穷大，不显示电阻值），确认互锁回路存在开路，根据经验故障点一般在驱动电机控制器与DC总成、高压配电箱这两个零部件，以下重点检查这两个零部件。

② 测量高压配电箱K54-02与K54-06之间的导通性，导通（电阻小于1Ω），逐个轻微晃动高压配电箱上的高压互锁插头，没有开路现象，说明高压配电箱互锁端子没有开路

或者存在偶发性开路情况。

a) 高压电池管理器数据流显示高压互锁锁止　　b) 高压电池管理器数据流显示高压接触器断开

图 2-2-19　读取动力电池管理器及电机控制器数据流

③驱动电机控制器与 DC 总成无法直接测量，可以采用排除法先测量维修开关 K66-01 与 K66-02，导通正常（电阻小于 1Ω），拔掉高压线束检查互锁针脚是否有退针现象，确认存在退针现象，重新处理互锁插头，故障排除，如图 2-2-20 所示。

图 2-2-20　高压线束互锁插头

实训演练

比亚迪·秦混合动力汽车能量无法回收故障诊断与排除

实训要求

一、安全防护要求

1. 维修技师必须穿戴必要的安全防护用品，如绝缘手套、绝缘鞋、绝缘胶垫和防护眼镜等，其电压等级必须大于需要测量的最高电压。

2. 使用前必须检查绝缘手套是否有破损或裂纹等，应完好无损，确保安全。

3. 使用前必须检查绝缘手套、绝缘鞋等防护用品是否干燥，不能在带水或潮湿状态下进行操作，确保安全。

4. 维修车辆时必须设置专职监护人一名，由监督人监督维修作业的全过程，包括维修技师的维修作业、工具使用、防护用品、备件安全保护、维修环境警示牌是否符合要求。

① 检查维修开关的接通和断开。

② 负责对维修过程中的安全维修操作规程进行检查，在进行较复杂或较危险的作业时，监护人要按安全维修操作规程指挥操作，维修技师在做完一个操作后要告知监护人，监护人要在作业流程单上标记。

③ 监护人要认真负责，确保维修过程的安全，避免发生安全责任事故。

5. 监护人及维修技师应持证上岗，须有丰富的电器维修经验，经考核合格后方能上岗。

6. 严禁未经培训的人员进行高压部分检修，禁止一切带有侥幸心理的危险操作，避免发生安全事故。

二、安全维修操作规范

1. 高压部件识别，整车橙色线束均为高压线。

2. 高压部件包括动力电池包、高压配电箱、车载充电器、电机控制器及 DC/DC 总成、电动空调压缩机、PTC 加热器、维修开关。

3. 检修高压系统时整车电源必须处于 OFF 档，且车辆处于非充电状态，拔下维修开关。维修开关拔下后由专职监护人员保管，并确保在维修过程中不会有人将其插上。

注意：当需要维修或更换高压配电箱时，应小心拔出连接电池包的正、负极高压插接件，使用绝缘胶带包好裸露出的电线头，避免触电。

4. 在断开紧急维修开关 5min 后，检修高压系统前应使用万用表测量高压回路，确保无电。

① 测量电池包正极和车身之间的电压来初步判断是否漏电。若检测到电压大于等于 50V，则说明电池包漏电，应立即停止操作。

② 使用万用表测量高压时需注意选择正确量程，检测用万用表精度不低于 0.5 级，要求具有直流电压测量档位，量程范围不小于或等于 600V 并遵守单手操作原则。

③ 所使用的万用表一根表笔线上配备绝缘鳄鱼夹（要求耐压为 3kV，过电流能力大于 5A），测量时先把夹子夹到电路的一个端子，然后将另一只表笔接到需测量端子测量读数。每次测量时只能用一只手握住表笔，测量过程中严禁触摸表笔金属部分。

5. 在进行低压调试时维修开关不装配，在进行高压调试时必须由专职监护人指挥装配维修开关。

6. 高压调试必须在低压调试好的前提下进行，便于判断电池是否有漏电的情况，如有漏电情况应及时检查，不能进行高压调试。

7. 拆装动力电池包总成时，首先把高压配电箱连接高压线束插接件用绝缘胶带缠好，拆装过程不要损坏线束，以免发生触电事故。

8. 检修或更换高压线束、油管等经过车身钣金孔的部件时，需注意检查与车身钣金的防护是否正常，避免线束、油管磨损。

实训准备

1. 设备：比亚迪·秦整车、安全防护套装、新能源汽车检测工具。
2. 资料：《新能源汽车综合故障诊断》教材、比亚迪·秦维修手册。
3. 耗材：抹布等。

实训步骤

1. 确认故障现象

车辆在 HEV 模式行驶时仪表的能量传递图上无电池包能量回收显示，读取高压 BMS 故障码为单体电池电压高故障。

2. 分析故障原因

各电池模组的 BIC 采集单体电池电压，通过 CAN 线反馈至 BMS，因此单体电池电压高故障原因如下：

① 电池模组故障。
② BIC 故障。

3. 故障诊断修复

① 进入 BMS，选择读取数据流，最高电压为 3.547V，高压电池为 48V，如图 2-2-21 所示。

② 进入 BMS，选择模组电池信息，分别读取 10 个模组中的最高单体电池电压，确认 3 号模组中最高电压为 3.55V，电池编号为 14，与数据流中的最高单体电池电压相同，因此判定电池包中单体电池电压高的电池为 3 号模组中的 14 号电池，如图 2-2-22 所示。

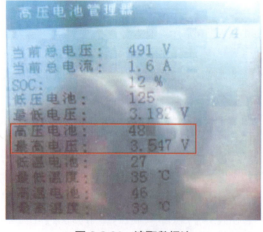 

图 2-2-21　读取数据流　　　　　　图 2-2-22　读取模组中最高单体电池电压

③ 根据电池包各模块内电池数量的差异，1 号、3 号、5 号 BIC 可以进行互换，于是

将 3 号、5 号 BIC 进行对调，再次确认 3 号模组与 5 号模组的最高电池电压，发现最高电压 3.55V 的电池在 5 号模组中，于是判断 3 号模组故障。

④ BIC 调换前后如图 2-2-23 和图 2-2-24 所示。

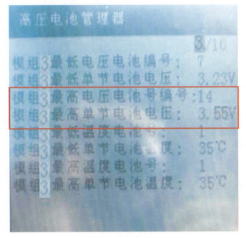
3号模组电池信息

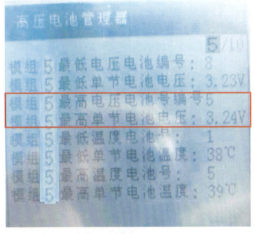
5号模组电池信息

图 2-2-23　BIC 调换前电池信息

3号模组信息

5号模组信息

图 2-2-24　BIC 调换后电池信息

⑤ 更换 3 号模组后故障排除。

4. 故障诊断总结

① BIC 交叉验证时的互换性。电池包由 10 个模组组成，每个模组内电池单体数并非完全相同，只有电池单体数相同的模组，BIC 才可以互换。各模组内电池单体数如图 2-2-25 所示。

数据流中的电池编号是从 1 号模组开始计算的，如 48 号电池是 18（1 号模组单体数）+ 16（2 号模组单体数）+14（3 号模组第 14 节）。以此方法来确认每节电池在模组内的具体位置。

② 如果调换 BIC 后模组电池信息数据未变化，则是 BIC 故障。

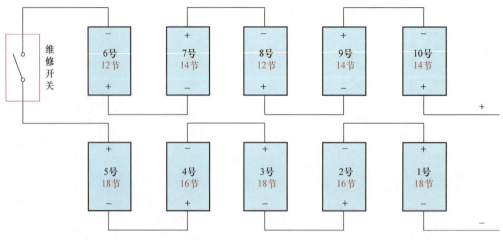

图 2-2-25　模组电池单体数

整理清洁

按照 7S 管理标准，整理工具和场地。

任务练习

一、选择题

1. 下列关于混合动力汽车动力电池说法正确的是（　　）。
   A. 动力电池是动力电池系统的核心部件，主要由动力电池模组、动力电池箱体、动力电池辅助加热装置、动力电池维修开关等组成
   B. 动力电池作为混合动力汽车辅助动力来源的电源，其作用是给驱动电机提供所需电能，从而带动汽车行驶
   C. 动力电池辅助加热装置主要在工作温度较低的情况下给动力电池加热，使其达到正常温度范围，具有良好的工作性能
   D. 以上说法都正确

2. 下列关于混合动力汽车电池管理系统说法不正确的是（　　）。
   A. 电池管理系统是保护和管理电池的核心部件，是连接车载动力电池和电动汽车的重要纽带
   B. 电池管理系统通过控制接触器控制动力电池组的充放电，并向整车控制系统上报动力电池系统的基本参数及故障信息
   C. 电池管理器的主要功能有电池电压采样、温度采样、电池均衡、采样线异常检测等

D. 比亚迪·秦采用的是分布式电池管理系统，由 1 个电池管理器（BMC）和 10 个电池信息采集器（BIC）及全套动力电池采样线组成

3. 下列关于动力电池漏电故障，排除方法不正确的是（　　）。
   A. 需确认动力电池箱体是否磕碰、进水
   B. 断开漏电传感器，点火开关置于 ON 档时读取电池管理系统是否报漏电故障
   C. 点火开关置于 ON 档瞬间，分别测量动力电池正、负极对车身的电压，若两电压值之和小于动力电池总电压，则更换动力电池
   D. 电池管理系统有严重漏电故障时，排除其他高压部件无漏电情况后，可确认动力电池漏电，需更换动力电池

4. 下列关于电池管理系统 CAN 通信类故障，排除方法不正确的是（　　）。
   A. 需确认线束接插是否存在异常
   B. 测量 BMS 供电、搭铁是否正常，若不正常，则更换 BMS
   C. 测量 BMS CAN-H 对 CAN-L、CAN-H 对搭铁、CAN-L 对搭铁电阻是否正常，若异常，则更换 BMS

5. 下列关于电池管理系统控制单元故障码解释不正确的是（　　）。
   A. P1A0000 含义为严重漏电故障
   B. P1A3400 含义为预充失败故障
   C. P1A6000 含义为高压互锁故障
   D. P1A3600 含义为动力电池单节电压严重过高

二、判断题

1. 动力电池箱体外表面通常包含产品铭牌、动力电池序号、出货检测标签、物料追溯编码以及高压警告标识。（　　）
2. 比亚迪·秦驱动电机控制器与 DC 总成无互锁回路。（　　）
3. 电池管理系统由电池信息采集器（BIC）、车载充电器、漏电传感器、高压配电箱、高压互锁监测、碰撞硬线信号、模组内部接触器等部分组成。（　　）
4. 电池模块是构成动力电池模块的最小单元。（　　）
5. 动力电池辅助加热装置主要由电池 PTC 组成。（　　）

三、简答题

画出高压互锁流程简图。

任务三　混合动力汽车驱动系统故障诊断与排除

一辆比亚迪·秦混合动力汽车，客户反映车辆不能使用 EV 模式且仪表显示"请检查动力系统"，经维修技师使用故障诊断仪检查发现动力电池管理系统及电机控制器与 DC 总成存在故障码。请学习任务相关知识帮助客户解决问题，并在此基础上整理出故障诊断与排除具体方法与步骤。

学习目标

1. 能描述比亚迪·秦混合动力汽车驱动系统组成及部件作用。
2. 能描述比亚迪·秦混合动力汽车电机故障诊断与排除方法。
3. 能描述比亚迪·秦混合动力汽车电机控制器与 DC 总成故障诊断与排除方法。
4. 能描述比亚迪·秦混合动力汽车电机控制器与 DC 总成冷却系统故障诊断与排除方法。

知识储备

一、混合动力汽车驱动系统结构原理认知

混合动力汽车驱动系统主要由驱动电机、电机控制器与 DC 总成、减速器、冷却系统等组成，如图 2-3-1 所示。

图 2-3-1　驱动系统组成

当混合动力汽车采用电驱动时，整车控制器将驾驶员意图发送给电机控制器，电机控制器控制驱动电机的转速和转矩，输出转矩经变速器传递给减速器和差速器到车轮，从而驱动车辆行驶。冷却系统可保证驱动电机和变频器在合适的温度范围内工作。

1. 混合动力汽车驱动电机和减速器

（1）驱动电机

比亚迪·秦驱动电机采用的是永磁同步电机，其主要由定子组件、转子组件、温度传感器和旋转变压器等组成，如图 2-3-2 所示。

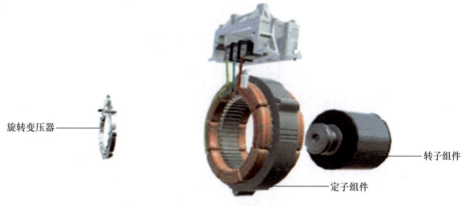

图 2-3-2　驱动电机组成

驱动电机的作用主要是将电能转换为机械能，通过减速器驱动车轮；转速和转矩可变，从而控制车速的连续变化；滑行和带档制动时作为发电机为 HV 电池提供电能。

（2）减速器

减速器主要由三个齿轮组成，即主动齿轮（连接驱动电机转子）、中间齿轮和从动齿轮（连接变速器输出轴），如图 2-3-3 所示。其功用是传递并放大电机的转矩。

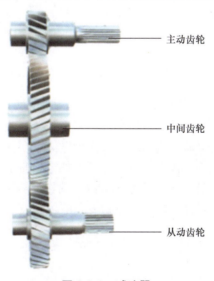

图 2-3-3　减速器

2. 混合动力汽车电机控制器与 DC 总成

电机控制器与 DC 总成位于发动机舱，在驱动桥的上方。其通过 HV 高压线和驱动电机高压线分别与 HV 电池和驱动电机连接，如图 2-3-4 所示。

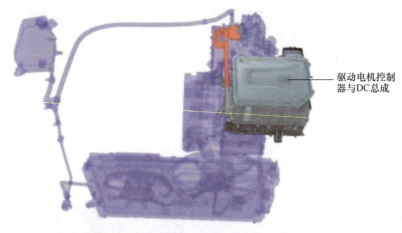

图 2-3-4 电机控制器与 DC 总成安装位置

电机控制器与 DC 总成内部为多层结构，结构紧凑，主要由电机控制器与 DC 总成壳体、DC/DC 降压电路板、DC/AC 变换电路板、冷却系统等组成，如图 2-3-5 所示。

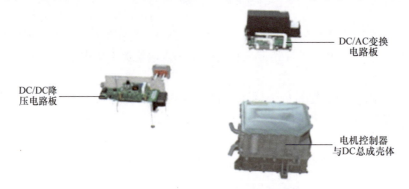

图 2-3-5 电机控制器与 DC 总成组成

电机控制器与 DC 总成的作用是将动力电池的高压电转换为 DC12V 电压和驱动电机所需的电压，分别为车辆的辅助设备，如车灯、音响系统、空调系统（除空调压缩机）和 ECU 等和驱动电机供电；将驱动电机的动能转换为电能储存到高压蓄电池中。

电机控制器与 DC 总成将车辆控制所需信息（如电机控制器与 DC 总成温度、电机转速、电机温度和任何故障信息）传输至混合动力车辆控制 ECU，并从混合动力车辆控制 ECU 接收控制驱动电机所需信息，如所需原动力和电机温度。

3. 混合动力汽车驱动冷却系统

冷却系统有风冷和水冷之分，以空气为冷却介质的冷却系统统称为风冷系统，以冷却液为介质的冷却系统统称为水冷系统。比亚迪·秦驱动电机控制器与 DC 总成采用水冷方式进行冷却。

（1）冷却系统组成

电机控制器与 DC 总成的冷却系统，独立于发动机冷却系统。此冷却系统用来冷却电机控制器与 DC 总成的同时还冷却驱动电机，主要由水泵、冷却水管、散热器、冷却液储液罐等组成，如图 2-3-6 所示。

图 2-3-6　电机控制器与 DC 总成冷却系统组成

1）水泵。电机控制器与 DC 总成冷却系统采用的是直流电动水泵，其功用是对冷却液进行加压，保证冷却液在冷却系统中循环流动。水泵是整个冷却系统中唯一的动力元件，负责为冷却液的循环提供机械能，如图 2-3-7 所示。

图 2-3-7　水泵

2）散热器。散热器是电机控制器与 DC 总成冷却系统的一部分，其进液口通过管道与驱动电机出液口相连，出液口通过管道与电机控制器与 DC 总成的散热片相连，如图 2-3-8 所示。

图 2-3-8　散热器

空气在散热器外面流动,将冷却液传输到空气中的热量带走,散热器实质上是一个热交换器。

(2)冷却系统工作过程

电机控制器与 DC 总成冷却系统使用电动水泵提高冷却液的压力,强制冷却液在电动水泵、电机控制器与 DC 总成、驱动电机、冷却液储液罐之间循环流动。换句话说就是电机控制器与 DC 总成冷却系统采用强制循环式水冷却,由电动水泵提供循环动力。

当电机控制器与 DC 总成的冷却系统被激活时,电动水泵将储液罐中的冷却液泵入电机控制器与 DC 总成,冷却液对驱动桥进行冷却后从出液口流入散热器,在散热器中的冷却液通过流过散热器周围的空气散热而降温,之后流入电机控制器与 DC 总成中的散热片,对电机控制器与 DC 总成进行降温,最后冷却液经驱动电机出水管返回电动水泵进行往复循环,如图 2-3-9 所示。

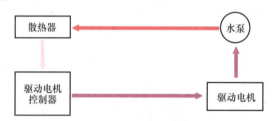

图 2-3-9　电机控制器与 DC 总成冷却系统循环路径

注:三种不同颜色的箭头不仅表示冷却液的流动方向,还表示冷却液的温度,颜色越深,表示温度越高。

二、驱动电机故障诊断与排除

1. 驱动电机常见故障类型及排除方法

驱动电机故障种类繁多,常见故障类型及排除方法见表 2-3-1。

表 2-3-1　驱动电机常见故障类型及排除方法

故障名称	故障排除方法
电机旋变故障	1. 确认线束是否接插存在异常 2. 点火开关置于 OFF 档,断开驱动电机控制器低压插接件,使用万用表依次检查(余弦-)B21-31 针脚与(余弦+)B21-46 针脚阻值是否在 16Ω 左右,(正弦-)B21-30 针脚与(正弦+)B21-45 针脚阻值是否在 16Ω 左右,(励磁-)B21-29 针脚与(励磁+)B21-44 针脚阻值是否在 8Ω 左右
电机过电流故障	使用万用表依次检查电机 U-W 针脚阻值是否 ≤ 1Ω,V-W 针脚阻值是否 ≤ 1Ω,U-V 针脚阻值是否 ≤ 1Ω,若异常则更换电机
电机缺相故障	1. 确认线束是否接插存在异常 2. 用万用表依次检查电机三相阻值,两两差值是否 ≤ 10Ω,若异常则更换电机
电机异响故障	检查电机轴承部件是否正常,若异常则更换电机

2. 驱动电机故障诊断流程

驱动电机故障诊断流程如图 2-3-10 所示。

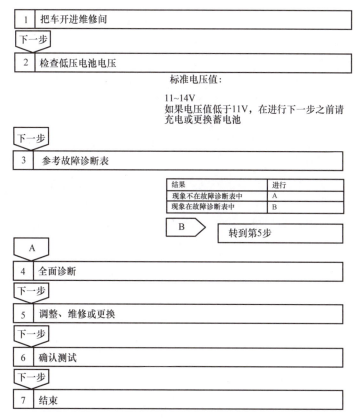

图 2-3-10　驱动电机故障诊断流程

3. 驱动电机故障诊断与排除

（1）确认故障现象

比亚迪·秦在行驶过程中仪表动力系统故障灯点亮，同时 ESP 系统故障灯点亮，提示请检查 ESP 系统。重新起动后仪表动力系统故障灯熄灭，但 ESP 系统故障灯仍然点亮。使用故障诊断仪读取驱动电机控制器故障码，如图 2-3-11 所示。

图 2-3-11　驱动电机控制器故障码

P1B1100- 旋变故障 - 信号丢失。

P1B1200- 旋变故障 - 角度异常。

P1B1300- 旋变故障 - 信号幅值减弱。

使用故障诊断仪读取 ESP 系统故障码，如图 2-3-12 所示。

U059508- 主电机 CAN 数据被破坏 / 中断（历史）。

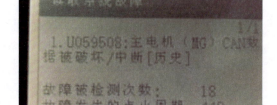

图 2-3-12　ESP 系统故障码

（2）分析故障原因

1）ESP 报出的故障码 U059508 属于通信类故障码，故障源并不在 ESP 上而是在主电机上。

2）主电机内部故障码说明驱动电机控制器无法正确采集到旋变信号，此种故障分三种情况：电机内旋变检测异常、旋变小线故障、驱动电机控制器异常。

3）旋变本身并不复杂，其主要作用是为了检测驱动电机工作时三相高压电与电机转子的运转匹配情况，工作原理类似磁感应式传感器。

（3）故障诊断排除

1）车辆到店后检查发现发动机起动后无法切换到 EV 模式，从驱动电机控制器数据可以看到故障循环出现的次数。

2）读取故障码为旋变信号丢失、旋变角度异常、旋变信号幅值减弱；电机缺 ABC 相。故障码可以清除。

3）从驱动电机控制器端测量，励磁绕组的阻值为（9.6±2）Ω，正弦、余弦绕组的阻值均为（16.3±2）Ω，阻值正常。控制电路如图 2-3-13 所示。

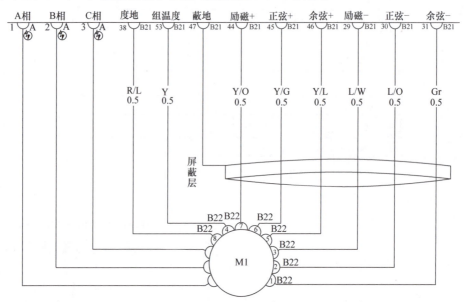

图 2-3-13　驱动电机旋变控制电路

4）根据故障检测次数与用户沟通，了解到故障是偶发性的，因此打开前舱盖晃动了一下旋变插头，此时发动机起动但很快又熄火了，故障灯亮。

5）分解电机端旋变插头针脚，针脚无异常。安装旋变针脚及插头，路试故障未再出现，故障码不再出现。

6）再次打开机舱盖并晃动旋变线束插头，发动机起动并很快熄火，故障码再次出现，仪表 ESP 故障灯亮。

7）最后检查发现故障原因为电机旋变对接线束端针脚未压实，导致线束虚接，如图 2-3-14 所示。

图 2-3-14　电机旋变线束虚接

三、电机控制器与 DC 总成故障诊断与排除

1. 电机控制器与 DC 总成常见故障类型及排除方法

电机控制器与 DC 总成故障种类繁多，常见故障类型及排除方法见表 2-3-2。

表 2-3-2 电机控制器与 DC 总成常见故障类型及排除方法

故障类型	故障排除方法
高压侧电压过高	测量动力电池输出电压是否正常，若正常则读取动力电池系统故障码，若故障码显示高压侧电压过高，则更换驱动电机控制器与 DC 总成
高压侧电压过低	测量动力电池输出电压是否正常，若正常则读取动力电池系统故障码，若故障码显示高压侧电压过低，则更换驱动电机控制器与 DC 总成
低压侧电压过高	测量低压蓄电池电压是否正常，若电压 > 16V，则更换驱动电机控制器与 DC 总成
低压侧电压过低	测量低压蓄电池电压是否正常，若电压 < 9V，则更换驱动电机控制器与 DC 总成
无 CAN 通信	测量 CAN-H、CAN-L 电压是否正常，若异常则更换驱动电机控制器与 DC 总成

2. 电机控制器与 DC 总成故障诊断流程

电机控制器与 DC 总成故障诊断流程如图 2-3-15 所示。

2-3 DC/DC 的检测

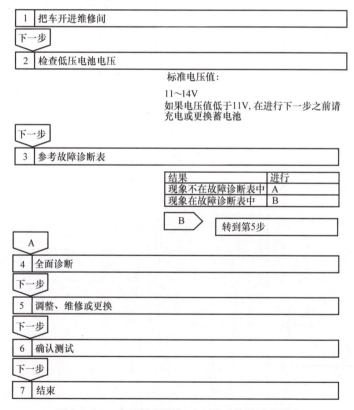

图 2-3-15 电机控制器与 DC 总成故障诊断流程

3. 电机控制器与 DC 总成电路

电机控制器与 DC 总成电路如图 2-3-16 所示。

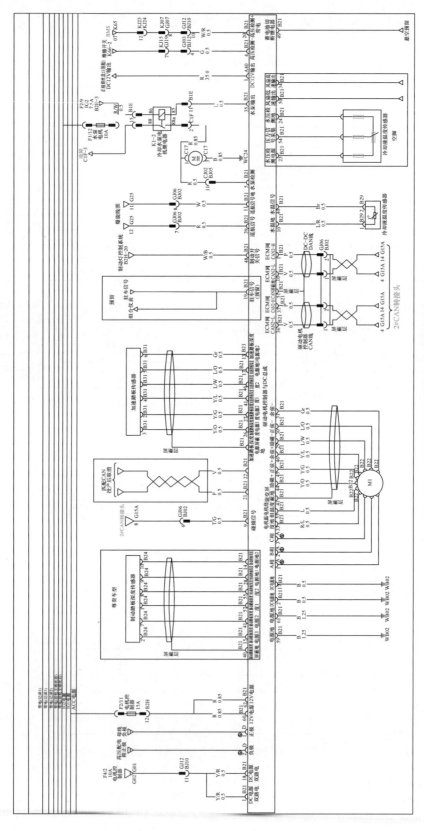

图 2-3-16 电机控制器与 DC 总成电路图

4. 电机控制器与DC总成端子定义与检测数据

电机控制器与DC总成端子分布如图2-3-17所示。

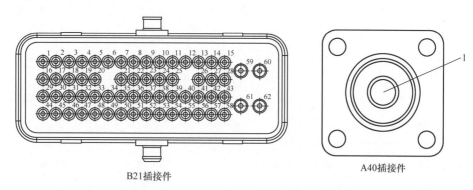

图 2-3-17　电机控制器与DC总成端子分布

电机控制器与DC总成端子检测数据见表2-3-3。

表 2-3-3　电机控制器与DC总成端子检测数据

连接端子	端子名称/功能	条件	正常值
A40-1—车身搭铁	12V输出正极	EV模式，ON档	13.5～14.5V
B21-1—B21-16	CANH1 DC CAN 高	OFF档	54～69Ω
B21-2—车身搭铁	CND（VCC）1 DC 电源搭铁	OFF档	小于1Ω
B21-3—B21-17	VCC1DC 电源	ON档	11～14V
B21-4—B21-61	/HV_LOCK2 高压互锁输入2	ON档	PWM信号
B21-5—B21-61	/PUMP_TEST 水泵检测输入	OK档，EV模式	10～14V
B21-6	预留	预留	预留
B21-7	预留	预留	预留
B21-8	预留	预留	预留
B321-9—B21-61	CRASH-IN 碰撞信号	ON档	PWM信号
B21-10—车身搭铁	GND 冷却液温度检测电源搭铁	OFF档	小于1Ω
B21-11B21-39	GND 巡航信号搭铁	OFF档	2150～2190Ω
B21-12—B21-61	GND 加速踏板深度电源搭铁1	OFF档	小于1Ω
B21-13—B21-61	GND 加速踏板深度电源搭铁2	OFF档	小于1Ω
B21-14—B21-61	GND 制动踏板深度电源搭铁2	OFF档	小于1Ω
B21-15—B21-61	+5V 制动踏板深度电源1	ON档	0～5V模拟信号
B21-16—B21-1	CANL1 DC CAN 低	OFF档	54～69Ω
B21-17—车身搭铁	CND（VCC）1 DC 电源搭铁	OFF档	小于1Ω
B21-18—B21-17	Vcc1 DC 电源	ON档	11～14V

（续）

连接端子	端子名称/功能	条件	正常值
B21-19—B21-61	/IN_HAND_BRAKE 驻车制动信号	ON 档	0~12 高低电平信号
B21-20—车身搭铁	/HV-LOCKI 高压互锁输入 1	ON 档	PWM 信号
B321-21	调试 CAN-H	预留	预留
B21-22	调试 CAN-L	预留	—
B21-23—车身搭铁	KEY_CONTROL 钥匙信号	预留	预留
B21-24—车身搭铁	GND 水压检测搭铁	预留	预留
B21-25—车身搭铁	+5V 水压检测电源	预留	预留
B21-26—车身搭铁	+5V 加速踏板深度电源 1	ON 档	0~5V 模拟信号
B21-27—车身搭铁	+5V 加速踏板深度电源 2	ON 档	0~5V 模拟信号
B21-28—车身搭铁	GND 制动踏板深度电源地 1	OFF 档	小于 1Ω
B21-29—B21-44	/EXCOUT 励磁 -/EXCOUT 励磁 -	OFF 档	7~10Ω
B21-30—B21-45	sin- 正弦 -	OFF 档	15~19Ω
B21-31—B21-46	cos- 余弦 -	OFF 档	15~19Ω
B21-32—车身搭铁	预留	预留	预留
B21-32	预留	预留	预留
B21-34	/FAN-H-OUT 风扇高速输出（空）	预留	预留
B21-35—B21-61	/PUMP-OUT 水泵输出	ON 档，水泵未工作	10~14V
		OK 档 EV 模式水泵工作	小于 1V
B21-36—B21-37	CAN-L	OFF 档	54~69Ω
B21-37—B21-36	CAN-H	OFF 档	54~69Ω
B21-38—车身搭铁	GND2 电机温度搭铁	OFF 档	小于 1Ω
B21-39—B21-11	CURISE-IN 巡航信号	OFF 档	2150~2190Ω
B21-40—车身搭铁	WATER-T-IN 冷却液温度信号	ON 档	0~5V 模拟信号
B21-41—车身搭铁	DC-GAINI 加速踏板深度信号 1	ON 档	0~5V 模拟信号
B21-42—车身搭铁	GND 制动踏板深度屏蔽搭铁	OFF 档	小于 1Ω
B21-43—车身搭铁	+5V 制动踏板深度电源 2	ON 档	4.5~5.5V
B21-44—车身搭铁	EXCOUT 励磁 +	OFF 档	7~10Ω
B21-45—B21-30	sin+ 正弦 +	OFF 档	15~19Ω
B21-46—B21-31	cos+ 余弦 +	OFF 档	15~19Ω
B21-47—车身搭铁	GND 旋变屏蔽搭铁	OFF 档	小于 1Ω
B21-48—车身搭铁	/IN-FEET-BRAKE 行车制动信号	预留	预留
B21-49—车身搭铁	/BAT-OFF-OUT 起动电池切断继电器	预留	预留
B21-50	/FAN-L-OUT 风扇低速输出（空）	预留	预留
B21-51—车身搭铁	GND（CAN）CAN 屏蔽搭铁	OFF 档	小于 1Ω
B21-52—车身搭铁	/IN-EMACHINE 电机过热	0	—

（续）

连接端子	端子名称/功能	条件	正常值
B21-53—车身搭铁	STATOR-T-IN 电机绕组温度	ON 档	0~5V 模拟信号
B21-54—车身搭铁	PRESSURE-IN 水压检测信号	预留	预留
B21-55—车身搭铁	GND 加速踏板深度屏蔽搭铁	OFF 档	小于 1Ω
B21-56—车身搭铁	DC-GAIN2 加速踏板深度信号 2	ON 档	0~5V 模拟信号
B21-57—车身搭铁	DC-BRAKE1 制动踏板深度 1	ON 档	0~5V 模拟信号
B21-58—车身搭铁	DC-BRAKE2 制动踏板深度 2	ON 档	0~5V 模拟信号
B21-59—车身搭铁	GND（VCC）外部电源搭铁	OFF 档	小于 1Ω
B21-60—B21-61	VCC 外部 12V 电源	ON 档	10~14V
B21-61—车身搭铁	GND（VCC）外部电源搭铁	OFF 档	小于 1Ω
B21-62—B21-61	VCC 外部 12V 电源	ON 档	10~14V

5. 驱动电机系统控制单元故障码

驱动电机系统控制单元故障码见表 2-3-4。

表 2-3-4 驱动电机系统控制单元故障码

编号	DTC	描述	应检查部位
1	P1EC000	降压时高压侧电压过高	保护值 600V
2	P1EC100	降压时高压侧电压过低	保护值 300V
3	P1EC200	降压时低压侧电压过高	保护值 16V
4	P1EC300	降压时低压侧电压过低	保护值 9V
5	P1EC400	降压时低压侧电流过高	保护值 160A
6	P1EC500	降压时低压侧负电流	预留
7	P1EC600	降压时高压侧电流过高	预留
8	P1EC700	降压时硬件故障	低压输出电压小于 13.4V，低压输出电流小于 20A
9	P1EC800	降压时低压侧短路	预留
10	P1EC900	降压时低压侧断路	预留
11	P1ECA00	升压时高压侧电压过高	保护值 600V
12	P1ECB00	升压时低压侧电压过高	保护值 15V
13	P1ECC00	升压时低压侧电压过低	低压小于 12.8V
14	P1ECD00	升压时低压侧电流过高	保护值 100A
15	P1ECE00	升压时高压侧电流过高	预留
16	P1ECF00	升压时高压侧电压过低	保护值 350V
17	P1EE000	散热器过热	温度高于 85℃
18	U016400	与空调通信故障	5S 未收到空调报文
19	U010300	与 ECM 通信故障	5S 未收到 ECM 报文

（续）

编号	DTC	描述	应检查部位
20	U011000	与驱动电机控制器通信故障	预留
21	U012200	与低压 BMS 通信故障	5s 未收到低压 BMS 报文
22	U011100	与动力电池管理器通信故障	5s 未收到动力电池管理器报文
23	U029D00	与 ESC 通信故障	5s 未收到低压 ESC 报文
24	U014000	与 BCM 通信故障	5s 未收到低压 BCM 报文
25	P1B00	动力电机过电流故障	电流超过 600A
26	P1B01	IPM 保护	硬件 IPM 保护
27	P1B02	旋变故障	旋变线束松动，旋变器件有故障
28	P1B03	欠电压保护故障	主接触器吸合后电压低于 330V
29	P1B04	过电压保护故障	主接触器吸合后电压高于 570V
30	P1B05	过载保护	电机电流超过设定值
31	P1B06	缺相保护	电机三相电流缺相
32	P1B07	加速踏板信号 1 回路故障	加速踏板故障，加速踏板 1/2 出错或互相比较出错
33	P1B08	加速踏板信号 2 回路故障	
34	P1B0B	碰撞保护	检测到碰撞信号
35	P1B0C	档位错误	档位信号出错
36	P1B0D	开盖保护	控制器开盖
37	P1B0E	EEPROM 错误	EEPROM 读写故障
38	P1B0F	巡航开关回路故障（预留）	巡航开关信号出错
39	P1B10	Ikey 防盗解除失败	没有密码或没有钥匙
40	P1B11	ECM 防盗解除失败	IKEY 防盗失败或 ECM 防盗失败
41	P1B12	冷却液压力告警（预留）	压力过高，信号失效
42	P1B13	电机过热告警	超过限制温度
43	P1B14	IGBT 过热告警	超过限制温度
44	P1B15	冷却液温度过高报警	超过限制温度
45	P1B16	IPM 散热器过热告警	超过限制温度
46	P1B17	P 位告警	P 位状态出错
47	P1B18	互锁故障（有母线电压没有信号）	母线电压没有与信号匹配
48	P1B19	主动泄放故障（预留）	主动泄放功能为预留的功能：由电源管理器发出命令，电机控制器执行主动泄放动作，具体如何检测，能否检测还需讨论
49	U2D0C	电机控制器与 ABS 通信故障	5s 内没有接收报文则判断为故障
50	U2D0D	电机控制器与电池管理器通信故障	5s 内没有接收报文则判断为故障
51	U2D0E	电机控制器与 P 位控制器通信故障	5s 内没有接收报文则判断为故障
52	U2D0F	电机控制器与 ECM 通信故障	5s 内没有接收报文则判断为故障

(续)

编号	DTC	描 述	应检查部位
53	U2D10	电机控制器与 ESC 通信故障	5s 内没有接收报文则判断为故障
54	U2D11	电机控制器与 ACM 通信故障	2s 内没有接收报文则判断为故障
55	P1B00	动力电机过电流故障	电流超过 600A
56	P1B01	IPM 保护	硬件 IPM 保护
57	P1B02	旋变故障	旋变线束松动，旋变器件有故障
58	P1B03	欠电压保护故障	主接触器吸合后电压低于 330V
59	P1B04	过电压保护故障	主接触器吸合后电压高于 570V
60	P1B05	过载保护	电机电流超过设定值
61	P1B06	缺相保护	电机三相电流缺相
62	P1B07	加速踏板信号 1 回路故障	加速踏板故障，加速踏板 1/2 出错或互相比较出错
63	P1B08	加速踏板信号 2 回路故障	
64	P1B0B	碰撞保护	检测到碰撞信号
65	P1B0C	档位错误	档位信号出错
66	P1B0D	开盖保护	控制器开盖
67	P1B0E	EEPROM 错误	EEPROM 读写故障
68	P1B0F	巡航开关回路故障（预留）	巡航开关信号出错
69	P1B10	Ikey 防盗解除失败	没有密码或没有钥匙
70	P1B11	ECM 防盗解除失败	IKEY 防盗失败或 ECM 防盗失败
71	P1B12	冷却液压力告警（预留）	压力过高，信号失效
72	P1B13	电机过热告警	超过限制温度
73	P1B14	IGBT 过热告警	超过限制温度
74	P1B15	冷却液温度过高报警	超过限制温度
75	P1B16	IPM 散热器过热告警	超过限制温度
76	P1B17	P 位告警	P 位状态出错
77	P1B18	互锁故障（有母线电压没有信号）	母线电压没有与信号匹配
78	P1B19	主动泄放故障（预留）	主动泄放功能为预留的功能：由电源管理器发出命令，电机控制器执行主动泄放动作，具体如何检测，能否检测还需讨论
79	U2D0C	电机控制器与 ABS 通信故障	5s 内没有接收报文则判断为故障
80	U2D0D	电机控制器与电池管理器通信故障	5s 内没有接收报文则判断为故障
81	U2D0E	电机控制器与 P 位控制器通信故障	5s 内没有接收报文则判断为故障
82	U2D0F	电机控制器与 ECM 通信故障	5s 内没有接收报文则判断为故障
83	U2D10	电机控制器与 ESC 通信故障	5s 内没有接收报文则判断为故障
84	U2D11	电机控制器与 ACM 通信故障	2s 内没有接收报文则判断为故障
85	P1B0D	开盖保护	控制器开盖

(续)

编号	DTC	描述	应检查部位
86	P1B0E	EEPROM 错误	EEPROM 读写故障
87	P1B0F	巡航开关回路故障（预留）	巡航开关信号出错
88	P1B10	Ikey 防盗解除失败	没有密码或没有钥匙
89	P1B11	ECM 防盗解除失败	Ikey 防盗失败或 ECM 防盗失败
90	P1B12	冷却液压力告警（预留）	压力过高，信号失效
91	P1B13	电机过热告警	超过限制温度
92	P1B14	IGBT 过热告警	超过限制温度
93	P1B15	冷却液温度过高报警	超过限制温度
94	P1B16	IPM 散热器过热告警	超过限制温度
95	P1B17	P 位告警	P 位状态出错
96	P1B18	互锁故障（有母线电压没有信号）	母线电压没有与信号匹配
97	P1B19	主动泄放故障（预留）	主动泄放功能为预留的功能：由电源管理器发出命令，电机控制器执行主动泄放动作，具体如何检测，能否检测还需讨论
98	U2D0C	电机控制器与 ABS 通信故障	5s 内没有接收报文则判断为故障
99	U2D0D	电机控制器与电池管理器通信故障	5s 内没有接收报文则判断为故障
100	U2D0E	电机控制器与 P 位控制器通信故障	5s 内没有接收报文则判断为故障
101	U2D0F	电机控制器与 ECM 通信故障	5s 内没有接收报文则判断为故障
102	U2D10	电机控制器与 ESC 通信故障	5s 内没有接收报文则判断为故障
103	U2D11	电机控制器与 ACM 通信故障	2s 内没有接收报文则判断为故障
104	P1B16	IPM 散热器过热告警	超过限制温度
105	P1B17	P 位告警	P 位状态出错
106	P1B18	互锁故障（有母线电压没有信号）	母线电压没有与信号匹配
107	P1B19	主动泄放故障（预留）	主动泄放功能为预留的功能：由电源管理器发出命令，电机控制器执行主动泄放动作，具体如何检测，能否检测还需讨论
108	U2D0C	电机控制器与 ABS 通信故障	5s 内没有接收报文则判断为故障
109	U2D0D	电机控制器与电池管理器通信故障	5s 内没有接收报文则判断为故障
110	U2D0E	电机控制器与 P 位控制器通信故障	5s 内没有接收报文则判断为故障
111	U2D0F	电机控制器与 ECM 通信故障	5s 内没有接收报文则判断为故障
112	U2D10	电机控制器与 ESC 通信故障	5s 内没有接收报文则判断为故障
113	U2D11	电机控制器与 ACM 通信故障	2s 内没有接收报文则判断为故障

6. 驱动电机控制器与 DC 总成故障诊断与排除

（1）确认故障现象

比亚迪·秦车辆起动后不能使用 EV 模式，并且仪表显示"请检查动力系统"，使用故障诊断仪进入高压电池管理器，读取故障码为 P1A3400 预充失败故障。

（2）分析故障原因

车辆预充完成的主要控制流程如下：

当高压 BMS 接收到起动信号以后，通过 CAN 线与电池信息采集器通信，检测电池包内单节电池电压、温度及容量等参数是否正常，并通过漏电传感器检测是否存在漏电情况。如果以上参数正常，则控制电池包内四个分压接触器吸合。与此同时，高压 BMS 开始控制高压配电箱上预充接触器与负极接触器吸合，当驱动电机控制器检测到预充电压已经达到电池包总电压的 2/3 以上时，通过 CAN 线通信告知高压 BMS 预充完成，高压 BMS 即断开预充接触器，吸合正极接触器整车高压上电。如果高压 BMS 在 10s 之内仍未检测到预充完成信号，则断开预充回路（包括预充接触器、负极接触器及电池包内部四个分压接触器）。主要控制流程如图 2-3-18 所示。

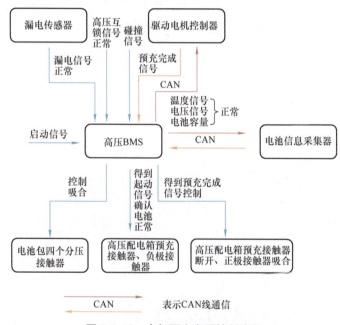

图 2-3-18　车辆预充主要控制流程

根据以上原理分析，造成预充失败的主要原因如下：

1）动力电池包故障。

2）驱动电机控制器故障。

3）BMS 故障。

4）高压配电箱故障。

5）高压系统漏电故障。

6）高压互锁故障。

（3）故障诊断排除

1）车辆退电后重新上 ON 档电，进入高压电池管理器，读取故障码为 P1A3400 预充失败故障。检查电池电量，SOC 为 62%，当前总电压为 506V，单体电池最高电压及温度正常，动力电池包四个分压接触器吸合动力电池包正常，如图 2-3-19 所示。

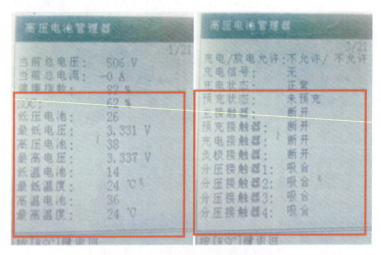

图 2-3-19　高压电池管理器数据流

2）进入电机控制器踩下制动踏板，按下起动按钮上 OK 电，观察驱动电机控制器母线电压变化，发现驱动电机控制器母线电压一直在 13V 左右，用同样的方法进入 DC/DC，发现 DC 高压侧电压有瞬间 491V 电压，如图 2-3-20 所示。因 DC/DC 与驱动电机控制器用的是同一路高压电，因此可以确认高压输入端有高压输入，但驱动电机控制器未检测到，怀疑为驱动电机控制器内部故障。

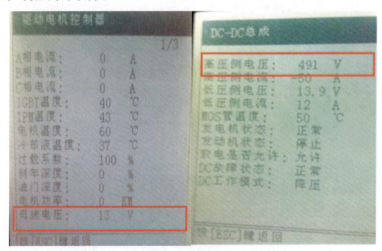

图 2-3-20　驱动电机控制器与 DC 总成数据流

3）更换驱动电机控制器后试车确认，故障排除。

四、电机控制器与 DC 总成冷却系统故障诊断与排除

1. 电机控制器与 DC 总成冷却系统常见故障类型及排除方法

电机控制器与 DC 总成冷却系统故障种类繁多，常见故障类型及排除方法见表 2-3-5。

2-4　电机控制器的更换

表 2-3-5　电机控制器与 DC 总成冷却系统常见故障类型及排除方法

故障类型	故障排除方法
水泵异响故障	1. 确认冷却液是否充足，若不充足则补充 2. 检查水泵本身是否损坏，若损坏则更换水泵
水泵无法工作故障	1. 确认线束是否接插存在异常 2. 检查水泵供电、信号、搭铁是否正常，若正常则更换水泵
冷却管路泄漏故障	1. 检查冷却管路是否破损，若破损则更换管路 2. 检查冷却管路卡箍是否松脱，若松脱则更换卡箍
温度警告故障	1. 读取故障码和数据流，确定故障 2. 检查冷却液是否充足，若不充足则补充 3. 确认冷却系统（水泵、模块、风扇）线束是否接插存在异常 4. 检查水泵是否工作正常，若异常则更换水泵 5. 检查冷却管路是否破损，若破损则更换管路 6. 检查冷却水道是否正常，若异常则修复或更换总成

2. 电机控制器与 DC 总成冷却系统诊断流程

电机控制器与 DC 总成冷却系统故障诊断流程如图 2-3-21 所示。

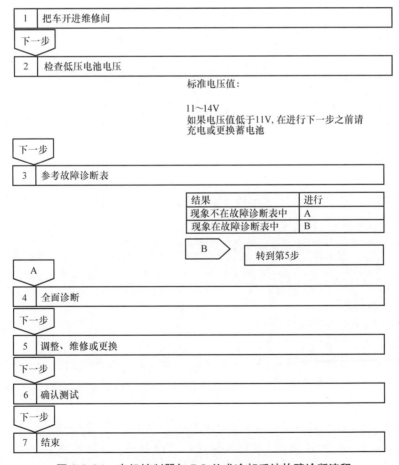

图 2-3-21　电机控制器与 DC 总成冷却系统故障诊断流程

3. 电机控制器与 DC 总成冷却系统故障诊断与排除

（1）故障现象

比亚迪·秦车辆上 OK 档行驶一段时间后，无论是 EV 还是 HEV 模式散热器风扇一直高速运转，读取故障码为 P1B0200 电机过热告警。

（2）故障原因分析

电机控制器及 DC 总成内部有三组单元在工作时会产生热量，分别为 IPM 控制器内部智能功率控制模块、IGBT 电机驱动模块、电感。因此在电机控制器及 DC 总成内部有相应的水道对这三个部分进行冷却，电控模块冷却水路结构如图 2-3-22 所示。

备注：电机电动水泵安装在右前部总成外侧保险杠骨架安装板附近。

当这几个部分工作温度超过一定范围时，驱动电机控制器及 DC 总成就会检测到，同时通过 CAN 网络传输给发动机 EMS，EMS 驱动冷却风扇继电器后，冷却风扇工作快速冷却冷却液，以降低温度。以下为冷却风扇工作条件：

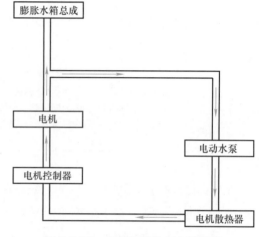

图 2-3-22 电控模块冷却水路结构

1）电机冷却液温度：47～64℃为低速请求；>64℃为高速请求。

2）IPM：53～64℃为低速请求；>64℃为高速请求；>85℃报警。

3）IGBT：55～75℃为低速请求；>75℃为高速请求；>90℃限制功率输出；>100℃报警。

4）电机温度：90～110℃为低速请求；>110℃为高速请求。

满足以上 3 个低速请求条件，电子风扇低速运转；满足以上 1 个高速请求，电子风扇高速运转。根据以上原理，可以分析出导致电机过热告警的原因如下：

① 电机冷却系统冷却液不足或存在空气。

② 电机电动水泵工作异常。

③ 电机散热器堵塞。

④ 电机冷却液温度传感器异常。

（3）故障诊断排除

1）检查冷却系统，确认冷却液充足。

2）上 OK 档后用手捏电机水管，确认有一定水压，触摸电动水泵，确认工作良好。

3）使用 VDS1000 读取驱动电机及 DC 总成内部数据流信息，如图 2-3-23 所示。

4）数据流显示冷却液温度 24℃，IPM 温度 35℃，但电机温度已经高达 120℃，满足了风扇高速运转的条件。

5）测量电机温度传感器 3 号与 6 号针脚电阻，为 3.9Ω。查阅维修手册，电机温度传感器在凉车（10～40℃）时，传感器阻值应为 50.01～212.5kΩ，确认电机温度传感器故障。

6）因为电机温度传感器没有分件提供，所以更换驱动电机总成，故障排除。

项目二　混合动力汽车故障诊断与排除

数据项	数据值		最小值
电机转矩	0	nm	+500
电机功率	0.0	kw	-100
加速踏板深度	0	%	0
冷却液温度	24	℃	-40
IPM散热器温度	35	℃	-40
电机温度	120	℃	-40
IGBT温度	45	℃	-40
A相电流	3	A	0
B相电流	1	A	0
C相电流	0	A	0
过载系数	100	%	0
电动行驶里程	12	km	0
总里程	53	km	0
驱动电机系统配置	高配		

图 2-3-23　驱动电机及 DC 总成数据流

实训演练

比亚迪·秦混合动力汽车 OK 灯不亮故障诊断与排除

实训要求

2-5　ok 灯检测

一、安全防护要求

1. 维修技师必须穿戴必要的安全防护用品，如绝缘手套、绝缘鞋、绝缘胶垫和防护眼镜等，其电压等级必须大于需要测量的最高电压。

2. 使用前必须检查绝缘手套是否有破损或裂纹等，应完好无损，确保安全。

3. 使用前必须检查绝缘手套、绝缘鞋等防护用品，不能在带水或潮湿状态下进行操作，确保安全。

4. 维修车辆时必须设置专职监护人一名，由监督人监督维修作业的全过程，包括维修技师组成、工具使用、防护用品、备件安全保护、维修环境警示牌是否符合要求。

① 检查维修开关的接通和断开。

② 负责对维修过程中的安全维修操作规程进行检查，在进行较复杂或较危险的作业时，监护人要按安全维修操作规程指挥操作，维修技师在做完一个操作后要告知监护人，监护人要在作业流程单上标记。

③ 监护人要认真负责，确保维修过程的安全，避免发生安全责任事故。

5. 监护人及维修技师应持证上岗，须有丰富的电器维修经验，经考核合格后方能上岗。

6. 严禁未经培训的人员进行高压部分检修，禁止一切带有侥幸心理的危险操作，避免发生安全事故。

二、安全维修操作规范

1. 高压部件识别，整车橙色线束均为高压线。
2. 高压部件包括动力电池包、高压配电箱、车载充电器、电机控制器及DC/DC总成、电动空调压缩机、PTC加热器、维修开关。
3. 检修高压系统时整车电源必须处于OFF档，并且车辆处于非充电状态，拔下维修开关。紧急维修开关拔下后由专职监护人员保管，并确保在维修过程中不会有人将其插上。

注意：当需要维修或更换高压配电箱时，应小心拔出连接电池包的正、负极高压插接件，使用绝缘胶带包好裸露出的电线头，避免触电。

4. 在断开紧急维修开关5min后，检修高压系统前应使用万用表测量高压回路，确保无电。

① 测量电池包正极和车身之间的电压来初步判断是否漏电。若检测到电压大于等于50V，则说明电池包漏电，应立即停止操作。

② 使用万用表测量高压时需注意选择正确量程，检测用万用表精度不低于0.5级，要求具有直流电压测量档位，量程范围不小于或等于600V并遵守单手操作原则。

③ 所使用的万用表一根表笔线上配备绝缘鳄鱼夹（要求耐压为3kV，过电流能力大于5A），测量时先把夹子夹到电路的一个端子，然后将另一只表笔接到需测量端子测量读数。每次测量时只能用一只手握住表笔，测量过程中严禁触摸表笔金属部分。

5. 在进行低压调试时维修开关不装配，在进行高压调试时必须由专职监护人指挥装配维修开关。
6. 高压调试必须在低压调试好的前提下进行，便于判断电池是否有漏电的情况，如有漏电情况应及时检查，不能进行高压调试。
7. 拆装动力电池包总成时，首先把高压配电箱连接高压线束插接件用绝缘胶带缠好，拆装过程不要损坏线束，以免发生触电事故。
8. 检修或更换高压线束、油管等经过车身钣金孔的部件时，需注意检查与车身钣金的防护是否正常，避免线束、油管磨损。

实训准备

1. 设备：比亚迪·秦汽车、安全防护套装、新能源汽车检测工具。
2. 资料：《新能源汽车综合故障诊断》教材、比亚迪·秦维修手册。
3. 耗材：抹布等。

实训步骤

1. 确认故障现象
车辆无法上OK档，仪表主屏上OK灯不亮，P位指示灯闪烁，并提示请检查动力系统。

2. 分析故障原因
OK灯即车辆可行驶信号灯，正常情况下OK灯点亮即表示车辆已经满足可以行驶必要条件，其控制流程如下：将档位置于 P 位，踩下制动踏板，按下起动按钮，当电机控制器接收到制动、档位及起动信号后，分别与发动机 ECU、TCU 及 BCM 等模块进行通信，在各模块之间通信正常的情况下，即通过 CAN 线向仪表发出 OK 灯点亮命令，驱动 OK 灯点亮。整个流程如图 2-3-24 所示。

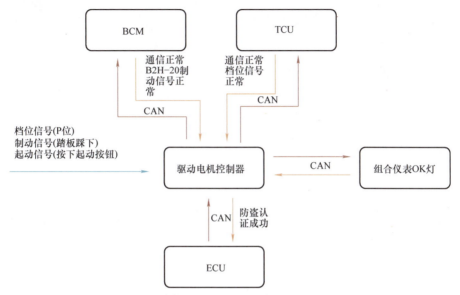

图 2-3-24　电机控制器控制流程图

根据以上控制逻辑分析，造成该问题的原因可能有以下几个方面：
① 制动信号故障。
② 档位信号故障。
③ 驱动电机控制器故障。
④ ECU 故障。
⑤ TCU 故障。
⑥ BCM 故障。
⑦ CAN 网络通信故障。

2-6　ECU 供电故障检测

3. 故障诊断排除

① 用 ED400 分别进入驱动电机控制器、ECU、TCU、BCM 系统，确认各个模块通信是否正常；经确认发现 TCU 无法进入。

② 拔掉 TCU 插头，测量 14 号、15 号针脚 CAN 线电压，为 2.5V 左右，阻值为 67Ω 左右，TCU 8 号针脚 B 对搭铁导通，9 号针脚 G/R 有 12V 电源，可以确认 TCU CAN 线路正常，电源、搭铁正常，怀疑是 TCU 内部故障。TCU 控制电路如图 2-3-25 所示。

③ 更换 TCU 控制模块，故障排除。

4. 故障诊断总结

① 要确认电机控制器是否收到制动信号及档位信号，可以通过电机控制器的数据流确认，具体数据如图 2-3-26 所示。

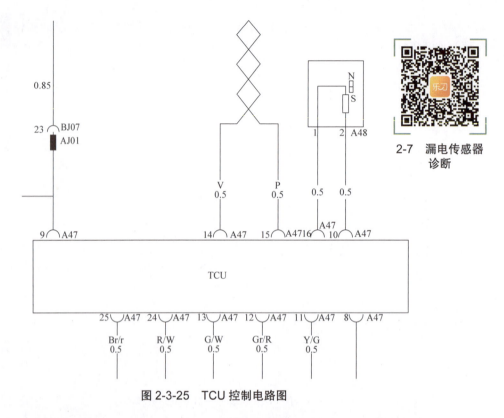

图 2-3-25　TCU 控制电路图

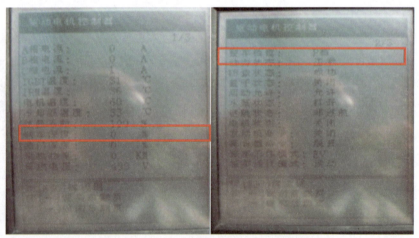

图 2-3-26　电机控制器与 DC 总成数据流

② 上 OK 档时电机控制器必须与 ECU 进行防盗认证，如果认证失败，则无法上 OK 档。所以在更换电机控制器时需要进行防盗编程及标定，具体可以参考电机控制器标定方法。

整理清洁

按照 7S 管理标准，整理工具和场地。

任务练习

一、选择题

1. 下列不属于混合动力汽车驱动系统的是（　　）。
   A. 驱动电机　　　　　　B. 电机控制器与 DC 总成
   C. 驱动电机减速器　　　D. 动力电池

2. 下列关于驱动电机的功能描述正确的是（　　）。
   A. 将电能转换为机械能，通过减速器驱动车轮
   B. 转速和转矩可变，从而控制车速的连续变化
   C. 滑行和带档制动时，作为发电机为高压电池提供电能
   D. 以上都正确

3. 下列不属于电机控制器与 DC 总成常见故障类型的是（　　）。
   A. 高压侧电压过高　　　B. 低压侧电压过高
   C. 预充失败故障　　　　D. 温度警告故障

4. 在电机控制器及 DC 总成内部单元中，工作时不会产生热量的是（　　）。
   A. IPM　　　　B. IGBT　　　　C. BMS　　　　D. 电感

5. 在断开紧急维修开关（　　）后，使用万用表测量高压回路，确保无电。
   A. 1min　　　　B. 3min　　　　C. 5min　　　　D. 8min

二、判断题

1. 比亚迪·秦驱动电机采用的是永磁异步电机，主要由定子组件、转子组件、温度传感器和旋转变压器等组成。（　　）
2. 电机控制器与 DC 总成的作用是将动力电池的高压电转换为 DC12V 电压和驱动电机所需电压，分别为车辆的辅助设备和驱动电机供电。（　　）
3. 比亚迪·秦电机控制器与 DC 总成和发动机共用一套冷却系统。（　　）
4. 故障码 P1A3400 的含义为预充失败故障。（　　）
5. 上 OK 档时电机控制器必须与 ECU 进行防盗认证，如果认证失败则无法上 OK 档。（　　）

三、简答题

一辆比亚迪·秦混合动力汽车无法上 OK 档，仪表主屏上 OK 灯不亮，P 位指示灯闪烁并提示请检查动力系统，请简要分析其故障原因。

任务四 混合动力汽车整车控制系统故障诊断与排除

一辆比亚迪·秦混合动力汽车，客户反映车辆不能使用 EV 模式且仪表显示"EV 功能受限"，经维修技师使用故障诊断仪检查发现整车控制系统（高压互锁）存在故障码。请学习任务相关知识帮助客户解决问题，并在此基础上整理出故障诊断与排除具体方法与步骤。

学习目标

1. 能描述比亚迪·秦混合动力汽车动力控制系统组成及部件作用。
2. 能描述比亚迪·秦混合动力汽车提速变慢故障诊断与排除方法。
3. 能描述比亚迪·秦混合动力汽车高压互锁故障诊断与排除方法。

知识储备

一、混合动力汽车整车控制系统结构原理认知

比亚迪·秦混合动力汽车整车控制系统主要由整车控制器（VCU）、混合动力控制单元（HV ECU）、发动机控制单元（PCU）、电机控制器、车载充电机、电池管理器、高压电缆、驾驶员操纵传感器、数据总线、漏电监测装置、高压互锁系统、低压辅助电源、DC/DC 变换器以及电器辅助系统等组成，如图 2-4-1 所示。

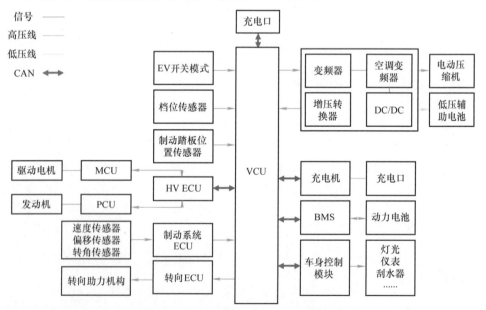

图 2-4-1 混合动力汽车整车控制系统组成

1. 整车控制器

整车控制器（VCU）如图 2-4-2 所示，是整个汽车的核心控制部件。它采集加速踏板

信号、制动踏板信号、档位信号及其他传感器信号，并进行分析判断然后给下层控制器发出指令。VCU 采集驾驶员驾驶信号和车辆状态，通过 CAN 总线对网络信息进行管理、分析和运算，进行相应的能量管理，实现混动驱动控制、发动机运行策略控制、能量优化控制、制动能量回馈控制、高压上下电控制、充电过程控制，实时监测车辆状态并进行故障诊断与处理。

2. 高压配电装置

高压配电装置是整车高压电的一个电源分配装置，类似于低压电路系统中的电器熔丝盒，其作用是将动力电池输送的高压直流电分配给电机控制器、空调压缩机和 PTC 加热器等整车高压电器使用，实现对支路用电器的保护及切断控制。此外，在交流慢充时，充电电流也会经过高压配电装置流入动力电池为其充电。

图 2-4-2　整车控制器

高压配电装置的上游是动力电池，下游是电机控制器、DC/DC 变换器、PTC 加热器、电动压缩机，还有与充电相关的车载充电机和充电接口，如图 2-4-3 所示。高压配电装置外部由高压端子、低压线束等插接口组成，内部主要由熔断器和控制单元组成，以便与相关模块实现信号通信，确保整车高压用电安全。需要注意的是，高压配电装置内对电动空调压缩机回路、PTC 加热器回路、交流慢充回路各设有一个熔断器。当上述回路电流超过 90A 时，熔断器会在 15s 内熔断；当回路电流超过 150A 时，熔断器会在 1s 内熔断以保护相关回路。

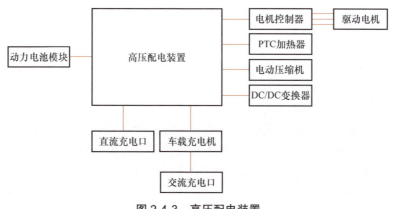

图 2-4-3　高压配电装置

3. 混合动力控制模块

混合动力控制单元（HV ECU）可以接收整车控制单元、发动机控制单元的有关车辆状态的信息，根据内部存储的控制逻辑进行分析处理，从而向发动机控制单元或者整车控制单元发出控制电机、发动机以及动力电池工作的指令，使车辆合理切换电机驱动和发动机驱动两个状态，最终有效控制动力系统的工作。

具体工作时根据请求转矩、再生制动控制和 HV 蓄电池的 SOC 信号控制发电机 MG1、电动机 MG2 和发动机的工作。其工作状态由档位信号、加速踏板踩下角度和车速来确定。混合动力系统 ECU 实时监控 HV 蓄电池的 SOC 和 HV 蓄电池的温度,以实现对发电机 MG1 和电动机 MG2 的最优控制。

4. 发动机控制模块

发动机控制模块是控制发动机的核心部件,主要作用是根据各传感器的输入信息控制发动机的燃油喷射和点火时刻,并为其他输出装置提供最佳的控制指令。此外,发动机控制模块的作用还包括对自身故障、各传感器和执行元件、串行数据线、故障指示灯电路进行检测,当检测到故障时会记忆相应故障码并采取有关措施。

发动机控制模块通常安装于前机舱内离发动机较近的位置,一般使用金属材料制作发动机控制模块外壳以保证其工作的稳定性。

5. 电机控制器

电机控制器与 DC 总成位于发动机舱。电机控制器与 DC 总成的作用主要有两个:第一是将动力电池的高压电转换为 12V 直流电压和驱动电机所需电压,分别为车辆的辅助设备和驱动电机供电;第二是将驱动电机的动能转换为电能储存到高压蓄电池中。

6. 电池管理器

电池管理器通常安装于动力电池附近或动力电池包内部,是动力电池保护和管理的核心部件。作为动力电池和各控制器以及驾驶员沟通的桥梁,电池管理器不仅要保证动力电池安全可靠的使用,而且要充分发挥动力电池的能力和延长其使用寿命。此外,电池管理器通过控制接触器控制动力电池的充放电,并向整车控制系统上报动力电池系统的基本参数及故障信息。

7. 总线通信系统

混合动力汽车信息通信系统是通过车载总线实现的。总线是整车控制系统中各控制模块之间信号传输的通道,是传输控制信号的传输线束,即所谓的信息高速公路。对于汽车而言,控制模块之间应该可以发送和接收控制数据,需要进行双向控制数据的传输,所以汽车上使用的车用总线为数据总线。

总线通信系统采用分布式布置方式。通常高压系统各控制模块中均会设有通信系统,通过线路连接成总线系统。总线通信系统各设备负责与外部诊断设备的连接和诊断通信,实现诊断服务,包括数据流读取、故障码读取和清除以及控制端口的调试。

8. 高压互锁

混合动力汽车为了保证行车过程中高压电的正常传输,并尽量降低误操作对人员和设备造成的伤害,配备了高压互锁装置。高压互锁可以监测到高压电路连接异常或未连接,并在高压断电之前给整车控制器提供报警信息,预留整车系统采取应对措施的时间,也可以在人为误操作时防止整个回路电压加在断点两端对周围的人员和设备造成伤害。

混合动力汽车高压互锁是一个串联电路,可以利用低压信号来监测高压系统电器、导线、导线插接器以及电器保护盖等的电气完整性。如图 2-4-4 所示,高压动力电池总成、电机控制器、电动空调压缩机总成以及电机总成的导线插接器组成了高压互锁回路。

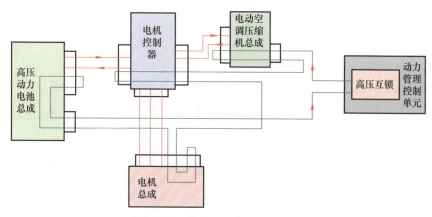

图 2-4-4　电动汽车高压互锁回路

高压互锁装置中动力电池、电机控制器等相关高压部件插接器中安装的互锁开关，如图 2-4-5 所示。

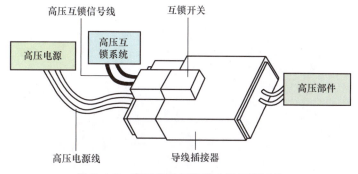

图 2-4-5　高压部件插接器中的互锁开关

9. 漏电监测装置

漏电事故极有可能会对人或者物品造成重大伤害和损失。混合动力汽车的绝缘监测装置也称为漏电传感器，它可以准确、实时地检测高压系统对车辆底盘的绝缘性能，以保证驾乘人员的人身安全。当高压系统漏电时漏电传感器会发送漏电信息给电池管理器，电池管理器接收到漏电信息判定漏电情况，报警并控制断开高压系统，防止高压漏电对人或者物品造成伤害和损失。

绝缘监测装置通过监测动力电池输出的高压负极母线与车身底盘之间的绝缘电阻来判断高压电池包的漏电程度。当测得绝缘电阻大于 100kΩ 时，表明绝缘情况正常；当测得绝缘阻值小于或等于 100kΩ 时，表明一般漏电；当绝缘阻值小于或等于 20kΩ 时，表明严重漏电。漏电监测原理如图 2-4-6 所示。

10. 驾驶员操纵传感器

驾驶员操纵传感器主要包括档位传感器、制动踏板位置传感器、加速踏板位置传感器，如图 2-4-7 所示。

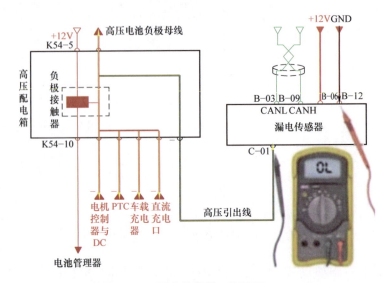

图 2-4-6 漏电传感器工作原理

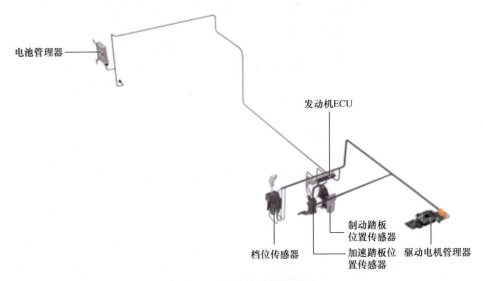

图 2-4-7 驾驶员操纵传感器

（1）档位传感器

档位传感器的作用是检测汽车变速杆的位置，并将信号送给整车控制器，为控制汽车的行驶状态提供必要的信息。

按照不同的分类标准，档位传感器可分为不同的类型，如接触式和非接触式。由于接触式档位传感器工作过程会有磨损，其寿命和可靠性通常较差，所以优先选择非接触式档位传感器。非接触式档位传感器目前大多采用霍尔式传感器和光电式传感器，混合动力汽车大多采用光电式档位传感器。

（2）制动踏板位置传感器

制动踏板位置传感器安装在制动踏板轴一端，如图 2-4-8 所示，用于监测制动踏板的开度位置，有的也可以作为后制动灯的开关。

常见的制动踏板位置传感器有霍尔式、滑动电阻式和开关型三种，为了提高信息检测的精确度，出现了新型制动踏板位置传感器，包括双滑动电阻式和线性双霍尔式两种。混合动力汽车广泛应用的是双滑动电阻式制动踏板位置传感器。

（3）加速踏板位置传感器

加速踏板位置传感器安装在驾驶室加速踏板轴的一端，如图2-4-9所示，用于检测汽车加速或减速信号。

图2-4-8 制动踏板位置传感器安装位置

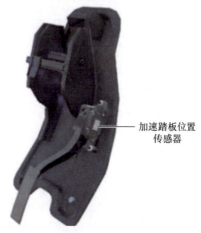
图2-4-9 加速踏板位置传感器安装位置

二、提速变慢故障诊断与排除

1. 提速变慢常见故障类型及排除方法

提速变慢故障种类繁多，常见故障类型及排除方法见表2-4-1。

2-8 加速踏板位置传感器的检测

表2-4-1 提速变慢常见故障类型及排除方法

故障类型	故障排除方法
加速踏板位置传感器故障	1. 先读取高压电控总成（电机控制器）故障码，再读取加速踏板位置传感器数据流，若所测位置与实际踩踏位置数值不符合维修手册要求，则需要更换加速踏板位置传感器 2. 测量加速踏板位置传感器信号电压是否正常，若异常则更换加速踏板位置传感器
制动踏板位置传感器故障	1. 先读取高压电控总成（电机控制器）故障码，再读取制动踏板位置传感器数据流，若所测位置与实际踩踏位置数值不符合维修手册要求，则需要更换制动踏板位置传感器 2. 测量制动踏板位置传感器信号电压是否正常，若异常则更换制动踏板位置传感器
电流传感器故障	先读取高压电控总成（电机控制器）故障码，再读取电流传感器数据流，然后使用钳形电流表测量直流正极线束电流并与数据流对比，若两者数值相差较大，则需要更换电流传感器
车辆底盘故障	检查车辆传动系统、制动系统是否出现抱死现象，若有则修复对应部件或更换

2. 提速变慢故障诊断流程

提速变慢故障诊断流程如图2-4-10所示。

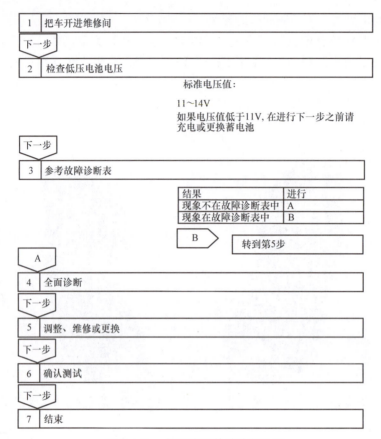

图 2-4-10　提速变慢故障诊断流程

3. 提速变慢故障诊断与排除

（1）确认故障现象

比亚迪·秦在纯电模式驱动时提速较慢，下坡制动时车辆减速较慢，仪表显示能量回收电量极少。车辆充电时充电指示灯正常，仪表显示屏上提示"连接已成功，正在充电中，当前电量：5%，充电功率 0.4kW。预计充满时间：21h 16min"，如图 2-4-11 所示。

2-9　动力电池电流传感器的检测

（2）分析故障原因

1）充电桩故障。

2）随车充电器故障。

3）电流传感器故障。

（3）故障诊断修复

1）更换充电桩进行充电，发现充电功率仍然很小，证明不是充电桩引起的故障。

图 2-4-11　仪表提示信息

2）检查随车充电器外观和接线，没有发现任何异常，更换正常同类车的随车充电器后充电，该车充电功率极小的状况仍然没有改变。

3）检测的充电功率只为 0.4kW，而正常充电功率应为 3.3kW。检测随车充电器的输出电压，为 508V，与该车动力电池的基础电压 500～550V 十分接近。但检测到的动态输出电流仅为0.9A，正常充电电流应在15A左右，两者相差过大。

4）该车高压控制电路如图2-4-12所示，发现无论是放电、充电还是回收电能，高压电的正极电流均要经过电流传感器，初步判断电流传感器故障。

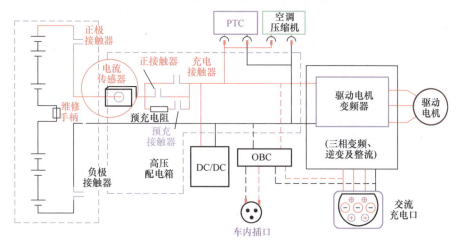

图2-4-12　高压控制电路

5）电流传感器装在高压配电箱内，如图2-4-13所示。更换霍尔电流传感器后试车检测，车辆故障现象消失，该车加速性能恢复，充电功率也恢复到3.3kW。事实证明是该车的霍尔电流传感器损坏，更换此配件后该车的行驶及充电功能均恢复正常。

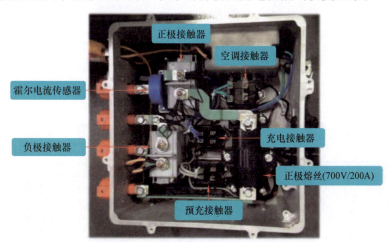

图2-4-13　高压配电箱内部结构

三、高压互锁故障诊断与排除

1. 高压互锁常见故障类型及排除方法
高压互锁故障种类繁多，常见故障类型及排除方法见表2-4-2。

2. 高压互锁故障诊断流程
高压互锁故障诊断流程如图2-4-14所示。

2-10　高压互锁检测

表 2-4-2 高压互锁常见故障类型及排除方法

故障类型	故障排除方法
电机控制器与 DC 故障	1. 确认低压、高压线束是否接插存在异常 2. 测量电机控制器与 DC 低压插接件高压互锁线路 B21-20 和 B21-04 是否导通，若不导通则修复对应元件、线路或更换
电池管理器故障	1. 确认低压线束是否接插存在异常 2. 测量电池管理器插接件高压互锁线路 K65-07 和 K64-01 是否导通，若不导通则修复对应元件、线路或更换
高压配电箱故障	1. 确认低压、高压线束是否接插存在异常 2. 测量高压配电箱插接件高压互锁线路 K54-06 和 K54-02 是否导通，若不导通则修复对应元件、线路或更换
维修开关故障	1. 确认紧急维修开关是否接插存在异常 2. 测量紧急维修开关插接件高压互锁线路 K66-02 和 K66-01 是否导通，若不导通则修复对应元件、线路或更换
高压互锁线路插头虚接故障	先测量低压蓄电池电压是否在 12~14V，再检查高压互锁回路线束是否接插良好
高压互锁线路对搭铁/电源短路故障	测量整个高压互锁回路线路是否对搭铁/电源短路，如短路则依次测量（电机控制器与DC、电池管理器、高压配电箱、紧急维修开关）低压插接件高压互锁线路，确定最终对搭铁/电源短路位置，最后修复对应元件、线路或更换

1 把车开进维修间
下一步
2 检查低压电池电压

标准电压值：

11~14V
如果电压值低于11V，在进行下一步之前请充电或更换蓄电池

下一步
3 参考故障诊断表

结果	进行
现象不在故障诊断表中	A
现象在故障诊断表中	B

B 转到第5步

A
4 全面诊断
下一步
5 调整、维修或更换
下一步
6 确认测试
下一步
7 结束

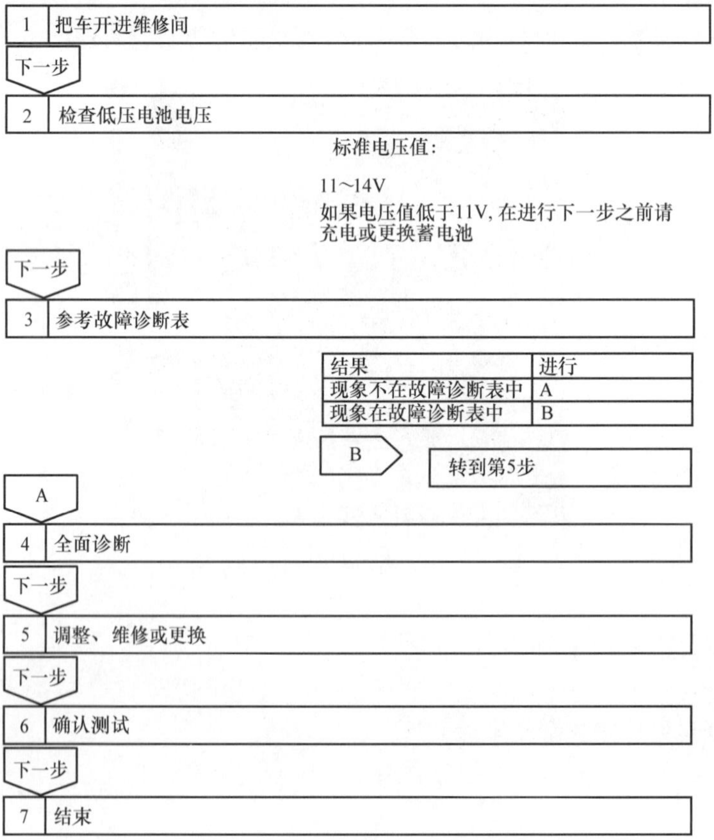

图 2-4-14 高压互锁故障诊断流程

3. 高压互锁故障诊断与排除

（1）确认故障现象

比亚迪·秦上 OK 档电后发动机可以起动，但无法使用 EV 模式，同时仪表报故障 EV 功能受限，初步检查发现高压没有上电，同时高压故障警告灯点亮。

（2）分析故障原因

1）整车控制单元故障。

2）BMS 故障。

3）高压电缆故障。

4）高压互锁系统故障。

（3）故障诊断修复

1）用解码器进入系统读取故障码，读到 BMS 报故障码 P1A6000 高压互锁故障，故障码无法清除。

2）用万用表测量高压电池管理器 K64-01 与 K65-07 之间的电阻，测得阻值为无穷大，确认互锁回路存在开路。

3）测量高压配电箱 K54-02 与 K54-06 之间的导通性，电阻小于 1Ω。

4）逐个轻微晃动高压配电箱上的高压互锁插头，发现没有开路现象，说明高压配电箱互锁端子没有开路或者偶发性开路情况。

5）电机控制器与 DC 总成无法直接测量，可以采用排除法先测量维修开关 K66-01 与 K66-02 之间的导通性，导通正常，电阻小于 1Ω。

6）拔掉高压线束检查互锁针脚是否有退针现象，确认存在退针现象，重新处理互锁插头，故障排除。

实训演练

整车控制器通信故障诊断与排除

实训要求

一、安全防护要求

1. 维修技师必须穿戴必要的安全防护用品，如绝缘手套、绝缘鞋、绝缘胶垫和防护眼镜等，防护用品的电压等级必须大于需要测量的最高电压。

2. 使用前必须检查绝缘手套是否有破损或裂纹等，应完好无损，确保安全。

3. 使用前必须检查绝缘手套、绝缘鞋等防护用品是否干燥，不能在带水或潮湿状态下进行操作，确保安全。

4. 维修车辆时必须设置一名专职监护人监督维修的全过程，包括维修技师作业、工具使用、防护用品、备件安全保护、维修环境警示牌是否符合要求。

① 检查维修开关的接通和断开。

② 负责对维修过程中的安全维修操作规程进行检查，在进行较复杂或较危险的作业时，监护人要按安全维修操作规程指挥操作，维修技师在做完一个操作后要告知监护人，监护人要在作业流程单上标记。

③ 监护人要认真负责，确保维修过程的安全，避免发生安全责任事故。

5. 监护人及维修技师应持证上岗，须有丰富的电器维修经验，经考核合格后方能上岗。

6. 严禁未经培训的人员进行高压部分检修，禁止一切带有侥幸心理的危险操作，避免发生安全事故。

二、安全维修操作规范

1. 高压部件识别，整车橙色线束均为高压线。

2. 高压部件包括动力电池包、高压配电箱、车载充电器、电机控制器及 DC/DC 总成、电动空调压缩机、PTC 加热器、维修开关。

3. 检修高压系统时整车电源必须处于 OFF 档（并且车辆处于非充电状态），并拔下维修开关；维修开关拔下后由专职监护人员保管，确保在维修过程中不会有人将其插上。

注意： 当需要维修或更换高压配电箱时，应小心地拔出连接电池包的正、负极高压插接件，使用绝缘胶带包好裸露的电线头，避免触电。

4. 在断开紧急维修开关 5min 后，检修高压系统前应使用万用表测量高压回路，确保无电。

① 测量电池包正极和车身之间的电压来初步判断是否漏电。若检测到电压大于等于 50V，则说明电池包漏电，应立即停止操作。

② 使用万用表测量高压时需注意选择正确的量程，检测用万用表的精度不低于 0.5 级，要求具有直流电压测量档位，量程范围不小于或等于 600V 并遵守单手操作原则。

③ 所使用的万用表一根表笔线上配备绝缘鳄鱼夹（要求耐压为 3kV，过电流能力大于 5A），测量时先把夹子夹到电路的一个端子，然后将另一只表笔接到需测量端子上测量读数。每次测量时只能用一只手握住表笔，测量过程中严禁触摸表笔金属部分。

5. 在进行低压调试时维修开关不装配，在进行高压调试时必须由专职监护人指挥装配维修开关。

6. 高压调试必须在低压调试好的前提下进行，便于判断电池是否有漏电的情况，如有漏电情况应及时检查，不能进行高压调试。

7. 拆装动力电池总成时首先把高压配电箱连接高压线束插接器用绝缘胶带缠好，拆装过程不要损坏线束，以免发生触电事故。

8. 检修或更换高压线束、油管等经过车身钣金孔的部件时，需注意检查与车身钣金的防护是否正常，避免线束、油管磨损。

实训准备

1. 设备：比亚迪·秦汽车、安全防护套装、新能源汽车检测工具。
2. 资料：《新能源汽车综合故障诊断》教材、比亚迪·秦维修手册。
3. 耗材：抹布等。

实训步骤

1. 确认故障现象

比亚迪·秦车辆在起动着车后仪表提示 EV 功能受限,如图 2-4-15 所示,车辆可以正常行驶。

2. 分析故障原因

根据预充原理分析,导致该故障原因如下:
① 高压相关模块故障。
② 低压线束故障。
③ 其他故障。

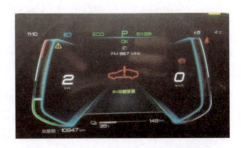

图 2-4-15 仪表提示 EV 功能受限

3. 故障诊断修复

① 用 VDS 扫描显示有程序更新,整车控制器报 U024E87 与 ESC 通信故障(当前)无法清除,U029F87 与 OBC 通信故障(历史可以清除)。

② 查看有更新的模块为充配电、空调控制器和电子驻车系统,感觉和车辆故障现象关系不大,所以没有更新,从诊断口测量 ESC 网阻值为 59.7Ω,正常。查看整车控制器数据流发现,踩制动踏板时制动踏板位置数据不变化,一直为 0,测量制动踏板位置传感器电源和搭铁线,正常,到整车控制器线束阻值正常,调换制动踏板和整车控制器并进行防盗编程标定,故障依旧。

③ 车主反映车辆一直没有问题,两天前在其他店做过升级,回家后放了两天没开,今天就出现该故障。

④ 考虑到问题是升级后出现,把未更新的模块更新到最新后故障排除。

4. 故障诊断总结

因为没有经过前期详细故障问诊环节,所以导致故障诊断环节几经曲折。对此,我们应该严格按照前面所学诊断流程(比亚迪 5 步法)进行故障诊断排除,以减少故障诊断时间,快速排除故障。

整理清洁

按照 7S 管理标准整理工具和场地。

任务练习

一、选择题

1. 下列不属于比亚迪·秦混合动力汽车整车控制系统的是(   )。
   A. 整车控制单元　　　　　　B. 电池管理器
   C. 驱动电机　　　　　　　　D. 发动机控制单元

2. 下列不属于整车控制器功能的是（　　）。
 A. 实现高压上下电控制
 B. 实现充电过程控制
 C. 实时监测车辆状态和故障诊断与处理
 D. 将电能转换为机械能
3. 高压配电装置内未设有熔断器的回路是（　　）。
 A. 电动压缩机回路　　B. PTC 加热器回路
 C. 交流慢充回路　　　D. 车载照明回路
4. 绝缘监测装置通过监测动力电池输出的高压负极母线与车身底盘之间的绝缘电阻来判断动力电池的漏电程度，以下说法不正确的是（　　）。
 A. 当测得绝缘电阻大于 100kΩ 时，表明绝缘情况正常
 B. 当测得绝缘阻值小于 100kΩ 时，表明严重漏电
 C. 当测得绝缘阻值等于 100kΩ 时，表明一般漏电
 D. 当绝缘阻值小于或等于 20kΩ 时，表明严重漏电
5. 下列说法不正确的是（　　）。
 A. 电池管理器的作用是将驱动电机的动能转换为电能储存到高压蓄电池中
 B. 发动机控制模块的主要作用是根据各传感器的输入信息，控制发动机的燃油喷射和点火时刻，并为其他输出装置提供最佳的控制指令
 C. 混合动力汽车信息通信系统是通过车载总线实现的
 D. 驾驶员操纵传感器主要包括档位传感器、制动踏板位置传感器、加速踏板位置传感器

二、判断题

1. 发动机控制模块通常安装于前机舱内离发动机较近的位置，一般使用金属材料制作发动机控制模块外壳以保证其工作的稳定性。（　　）
2. 电池管理器通常安装于动力电池附近或动力电池包内部，是电池保护和管理的核心部件。（　　）
3. 混合动力汽车高压互锁是一个并联电路。（　　）
4. 混合动力汽车广泛应用的是双滑电阻式制动踏板位置传感器。（　　）
5. 加速踏板位置传感器的作用是检测汽车变速杆的位置，并将信号送给整车控制器，为控制汽车的行驶状态提供必要的信息。（　　）

三、简答题

一辆比亚迪·秦混合动力汽车起动着车后仪表提示 EV 功能受限，车辆可以正常行驶，请简述其故障原因。

项目三 纯电动汽车故障诊断与排除

  汽车的发展极大地改变了人们的生活方式，方便了人们的出行，同时也产生了能源消耗过大、环境污染等世界性难题。为了应对能源危机、缓解环境污染问题，世界各国都在加快步伐发展纯电动汽车技术。

  纯电动汽车也称为电池电动汽车，其动力系统主要由动力电池和驱动电机组成，它从电网取电（或更换蓄电池）获得电力，并通过动力电池向电机提供电能来驱动汽车。纯电动汽车的结构特征决定了其典型的故障范围及维修方法。本项目主要介绍纯电动汽车的故障诊断与排除方法，具体包含以下五个任务。

  任务一 纯电动汽车系统简介
  任务二 纯电动汽车动力电池系统故障诊断与排除
  任务三 纯电动汽车充电系统故障诊断与排除
  任务四 纯电动汽车驱动系统故障诊断与排除
  任务五 纯电动汽车整车控制系统故障诊断与排除

  通过以上五个任务的学习，读者将能够掌握纯电动汽车的结构组成与控制原理、纯电动汽车主要系统的基本诊断流程，以及常见纯电动汽车运行数据的分析与判断思路，学会纯电动汽车的故障排除方法。

任务一 纯电动汽车系统简介

小王是比亚迪汽车 4S 店的服务顾问,客户李先生对比亚迪 e5 纯电动汽车特别感兴趣,想让小王介绍一下纯电动汽车的基本知识以及比亚迪 e5 纯电动汽车的结构原理。假如你是小王,你能帮助客户解决问题吗?

学习目标

1. 能正确描述纯电动汽车的基本概念。
2. 能正确描述纯电动汽车的类型。
3. 能正确描述纯电动汽车的结构与原理。
4. 能正确描述比亚迪 e5 纯电动汽车的结构与原理。

知识储备

一、纯电动汽车的基本概念

纯电动汽车是指以车载电源为动力,用电机驱动车轮行驶,符合道路交通、安全法规各项要求的车辆。纯电动汽车通常采用高效率蓄电池作为动力源,不需要内燃机,所以纯电动汽车的电机相当于传统汽车的发动机,蓄电池相当于原来的油箱。电能属于二次能源,可以来源于风能、水能、热能、太阳能等。纯电动汽车具有零排放、零污染、噪声小、结构简单、维修方便、行驶平稳、乘坐舒适、安全性好及驾驶简单轻便等优点。

二、纯电动汽车的分类

1. 按照动力源不同分类

(1) 用单一动力电池作为动力源的纯电动汽车

用单一动力电池作为动力源的纯电动汽车只装配了动力电池,其电力和动力传输系统如图 3-1-1 所示,特点是结构简单,控制简便。

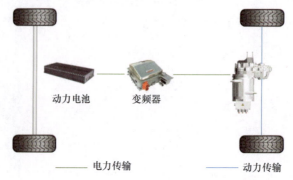

图 3-1-1 用单一动力电池作为动力源的纯电动汽车电力和动力传输系统

（2）装有辅助动力源的纯电动汽车

用单一动力电池作为动力源的纯电动汽车，动力电池的比能量与比功率较低，动力电池组的质量和体积较大。因此在某些纯电动汽车上增加辅助动力源，如超级电容、飞轮储能器、太阳能等，由此改善纯电动汽车的起动性能和增加续驶里程。装有辅助动力源的纯电动汽车电力和动力传输系统如图 3-1-2 所示。

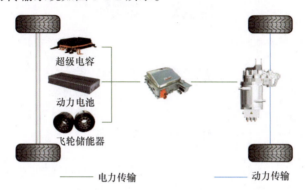

图 3-1-2　装有辅助动力源的纯电动汽车电力和动力传输系统

2. 按驱动系统布置形式进行分类

纯电动汽车的驱动系统是纯电动汽车的核心部分，其性能优劣决定着纯电动汽车运行性能的好坏。纯电动汽车的驱动系统由驱动电机和操作系统组成，其结构形式不同，采用的驱动系统也不同。

根据电机与传动系统组合方式的不同，可分为集中驱动系统和分布式（轮毂/轮边）驱动系统两类，并组成不同形式的系列化纯电动汽车。

（1）集中驱动方式

集中驱动方式大部分由电机、变速器和差速器等组成。它采用单电机驱动代替内燃机，故设计制造成本低，但传动效率低，一般用于小型电动车辆。按有无变速器，它又可分为传统型和电机驱动桥型。

1）传统型。即与传统汽车驱动系统的布置方式一致，带有变速器和离合器，只是将内燃机换成电机，属于改装型纯电动汽车。这种布置可以提高纯电动汽车的起动转矩，增加纯电动汽车低速时的后备功率，如图 3-1-3a 所示。

2）电机驱动桥型。电机驱动桥型又分为电机驱动桥组合型和电机驱动桥整体型两种。

① 电机驱动桥组合型。该驱动模式由一台电机驱动两车轮旋转，无离合器和变速器，但具有减速差速机构，如图 3-1-3b、c 所示。

这种驱动模式的优点是可以继续沿用当前内燃机汽车中的动力传动装置，只需要一组电机和变换器。该种方式对电机的要求较高，不仅要求电机具有较高的起动转矩，而且要求具有较大的后备功率，以保证纯电动汽车的起动、爬坡、加速超车等动力性。如北汽 EV160 就是电机前置驱动桥前置组合式驱动模式。

② 电机驱动桥整体型。该驱动模式是将电机装到驱动轴上，直接由电机实现变速和差速转换。这种传动方式同样对电机有较高的要求，要求有大的起动转矩和后备功率，同时不仅要求控制系统有较高的控制精度，而且要具备良好的可靠性，从而保证纯电动汽车行

驶的安全性、平稳性，其结构如图3-1-3d所示。

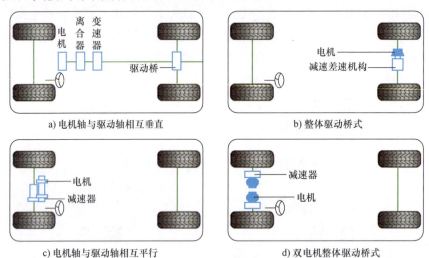

图3-1-3 纯电动车汽车驱动系统布置形式

（2）分布式驱动方式

1）轮毂驱动方式。轮毂电机技术又称为车轮内装电机技术，其最大特点就是将动力、传动和制动装置都整合到轮毂内，因此电动汽车的机械部分大大简化。驱动系统可以布置在纯电动汽车的两个前轮、两个后轮或四个车轮的轮毂中，从而成为前轮驱动、后轮驱动或四轮驱动的纯电动汽车。轮毂电机驱动布置形式结构简图如图3-1-4所示。

2）轮边驱动方式。轮边电机前轮驱动布置形式如图3-1-5所示。轮边电机与减速器集成后装入驱动桥上，采用刚性连接减少高压电器数量和动力传输线路长度；优化后的驱动系统可降低车身高度、提高承载量、提升有效空间。

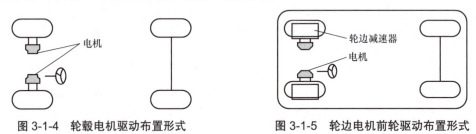

图3-1-4 轮毂电机驱动布置形式　　图3-1-5 轮边电机前轮驱动布置形式

3. 按照用途不同分类

按照用途不同分类，纯电动汽车可分为电动轿车、电动货车和电动客车三种。

（1）电动轿车

电动轿车是目前最常见的纯电动汽车。除了一些概念车，纯电动轿车大部分都已经投入生产并进入汽车市场。

（2）电动货车

用作公路运输的电动货车目前比较少，而在矿山、工地及一些特殊场地，则早已出现了大吨位的纯电动载货汽车。

（3）电动客车

目前纯电动小型客车较少见，而纯电动大客车用作公交车的较多。纯电动客车在一些城市的公交线路以及世博会、世界性的运动会上表现优异。

三、纯电动汽车的结构与原理

与传统汽车相比，纯电动汽车主要增加了电力驱动控制系统，而取消了发动机。电力驱动控制系统的组成与工作原理如图 3-1-6 所示，它主要由电力驱动主模块、车载电源模块和辅助模块三大部分组成。

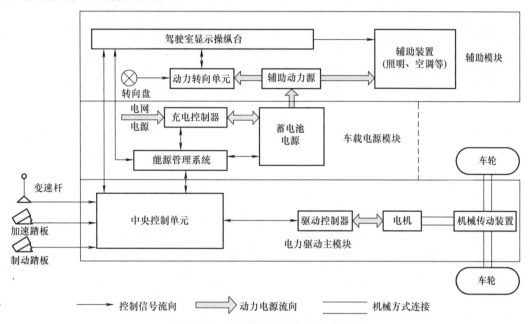

图 3-1-6　典型的纯电动汽车组成框图

当纯电动汽车行驶时，由蓄电池输出电能通过控制器驱动电机运转，电机输出的转矩经传动系统带动车轮前进或后退。纯电动汽车续驶里程与蓄电池容量有关，蓄电池容量受诸多因素限制，要提高续驶里程就必须尽可能地增加蓄电池的容量。

1. 电力驱动主模块

电力驱动主模块主要包括中央控制单元、驱动控制器、电机、机械传动装置和车轮等。它的功用是将存储在蓄电池中的电能高效地转化为车轮的动能，并能够在汽车减速制动时将车轮的动能转化为电能充入蓄电池。

中央控制单元根据加速踏板和制动踏板的输入信号，向驱动控制器发出相应的控制指令，对电机进行起动、加速、减速、制动控制。

驱动控制器按照中央控制单元的指令和电机的速度、电流反馈信号，对电机的速度、驱动转矩和旋转方向进行控制。驱动控制器必须和电机配套使用。

电机在纯电动汽车中被要求承担电动机和发电机的双重功能。在正常行驶时要求发挥其主要的电动机功能，将电能转化为机械能；在减速和下坡滑行时要求其进行发电，将车轮的惯性动能转化为电能。

机械传动装置将电机的驱动转矩传输给汽车的驱动轴，从而带动汽车行驶。

2. 车载电源模块

车载电源模块主要包括蓄电池电源、能量管理系统和充电控制器等。它的功用是向电机提供驱动电能、监测电源使用情况以及控制充电机向蓄电池充电。

纯电动汽车的能量管理主要是指电池管理系统，它的主要功用是对电池单体及模组进行实时监控、充放电、巡检、温度监测等。

充电控制器把交流电转化为相应电压的直流电进行充电，并按要求控制充电电流。

3. 辅助系统

辅助系统主要包括辅助动力源、动力转向系统、驾驶室显示操纵台和各种辅助装置等。辅助系统除辅助动力源外，依据不同车型而有所区别。

辅助动力源主要由辅助电源和 DC/DC 变换器组成，其功用是给其他各种辅助装置（动力转向、制动力调节控制、照明、空调、电动门窗等）提供所需要的能源，一般为 12V 或 24V 的直流低压电源。

动力转向系统主要由转向盘、转向器、转向机构和转向轮等组成。作用在转向盘上的控制力通过转向器和转向机构使转向轮偏转一定的角度，实现汽车的转向。

驾驶室显示操纵台类同于传统汽车驾驶室的仪表板，不过其功能根据纯电动汽车的控制特点有所增减，其信息指示更多地选用数字或液晶屏幕显示。

辅助装置主要有照明、各种声光信号装置、车载音箱设备、空调、刮水器、风窗除霜清洗器、电动门窗、电控后视镜调节器、电动座椅调节器、车身安全防护装置控制器等。它们主要是为了提高汽车的操控性、舒适性、安全性而设置的，可根据需要选用。

四、比亚迪 e5 纯电动汽车结构与原理

比亚迪 e5 是一款纯电动轿车，具有零排放、节能环保无污染、动力平稳、低噪声等特点。它主要由动力电池系统、电机驱动系统、整车控制系统、辅助电器、底盘及车身等部件组成。整车架构如图 3-1-7 所示。

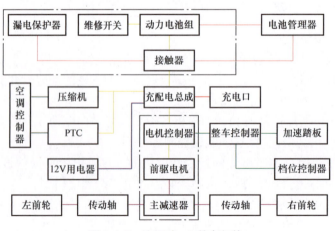

图 3-1-7　比亚迪 e5 整车架构

1. 比亚迪 e5 纯电动汽车结构

（1）动力电池系统

1）动力电池。比亚迪 e5 的动力电池由单体电池、电池信息采集器等部件组成，是车辆的动力源，安装在车辆底部，其安装位置如图 3-1-8 所示。2019 款比亚迪 e5 采用的是三元聚合物锂电池，表 3-1-1 为比亚迪 e5 动力电池基本参数。

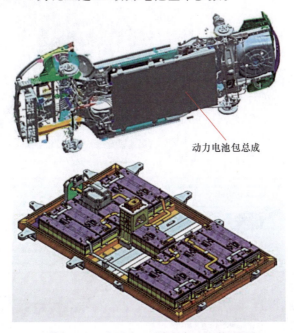

图 3-1-8　比亚迪 e5 动力电池安装位置

表 3-1-1　比亚迪 e5 动力电池基本参数

项目	参数
单体电池	镍钴锰酸锂
额定容量	130A·h
单体电池数量	108
单体标称电压	3.65V
模组数	11（10×10S+1×8S）
标称总电压（DC）	394.2V
电量	51.2kW·h
质量	（332±9）kg

2）电池管理系统。比亚迪 e5 采用分布式电池管理系统，由电池管理器（BMC）、电池信息采集器、电池采样线组成。电池管理器的主要功能有充放电管理、接触器控制、功率控制、电池异常状态报警和保护、SOC/SOH 计算、自检以及通信功能等；电池信息采集器的主要功能有电池电压采样、温度采样、电池均衡、采样线异常检测等；动力电池采样线的主要功能是连接电池管理器和电池信息采集器，实现二者之间的通信及信息交换。

3）充电系统。充电系统由外部充电设备、车辆充电座、车载充电机、充电接触器等部件组成。在车辆电量不足的情况下，能够通过充电系统为动力电池充电。如图3-1-9所示，在充电时交流输入和直流输入分别和充电插口的左侧交流充电插口及右侧直流充电插口相连接。

（2）电机驱动系统

电机驱动系统由驱动电机、电机控制器（集成在高压电控总成内）、变速器、机械减速装置及冷却系统等组成，驱动电机和变速器固定安装在一起，安装在高压电控总成下面。2019款比亚迪e5动力总成采用的是三合一结构，电机控制器、驱动电机、主减速器集成在一起，如图3-1-10所示。

图3-1-9　交直流充电接口

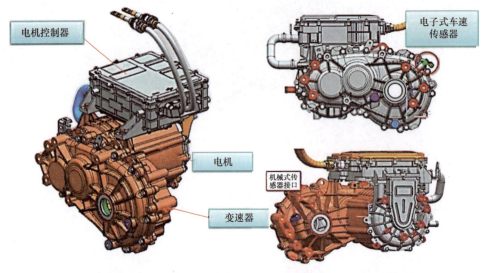

图3-1-10　动力总成

1）驱动电机。比亚迪e5的驱动电机为交流永磁同步电机，转速持续在4775～12000r/min时额定功率为80kW；变速器为单级式变速器，它和减速器组合能够共同实现车辆的前进、倒退，同时也作为发电机发电。

2）电机控制器。比亚迪e5电机控制器内部集成有IGBT模块、大容量薄膜电容、主动泄放模块、被动泄放模块，具有驱动控制、充电控制、放电控制、档位控制（实现车辆的驻车、倒车、空档和前进）等功能。比亚迪e5电机控制器如图3-1-11所示。

（3）整车控制系统

整车控制系统的主要功能是根据驾驶员的操作和当前整车和系统的工作状况，在保证安全和动力性的前提下，选择尽可能优化的工作模式和能量分配比例，以达到最佳的工作状态。

图 3-1-11　比亚迪 e5 电机控制器

1）整车控制器。整车控制器（VCU）安装位置如图 3-1-12 所示。VCU 是整个汽车的核心控制部件，用来协调各个系统，使整车行驶在最佳状态。它是进行电动汽车动力控制及电能管理的载体，一方面它通过采集加速踏板信号、制动踏板信号及其他部件信号进行运算分析，以获取驾驶员需求，另一方面与电机控制器、电池管理系统、电动辅助系统等部件组成 CAN 总线网络，对网络信息进行管理、分析和运算，进行相应的能量管理，实现整车驱动控制、能量优化控制、制动能量回馈控制、高压上下电控制、充电过程控制、实时监测车辆状态和故障诊断与处理等功能。

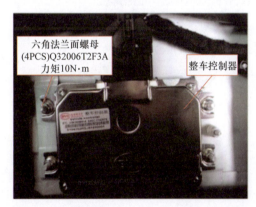 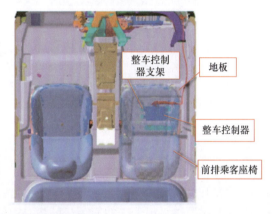

图 3-1-12　整车控制器安装位置

2）高压配电装置。比亚迪 e5 采用的是集成式高压系统，集成了两电平双向交流逆变式电机控制器模块（VTOG）、车载充电器模块、DC/DC 变换器模块和高压配电模块以及漏电传感器，因此又被称为四合一，其外形结构如图 3-1-13 所示。

3）总线通信系统。比亚迪 e5 纯电动汽车总线通信系统采用分布式布置方式，总线通信系统各设备负责与外部诊断设备的连接

图 3-1-13　高压配电装置

和诊断通信,实现诊断服务,包括数据流读取、故障码的读取和清除、控制端口的调试。

2. 比亚迪 e5 纯电动汽车工作原理

比亚迪 e5 保留了传统汽车的加速踏板、制动踏板和各种操纵手柄等,但它不需要离合器。在电动汽车工作时传感器将加速踏板、制动踏板机械位移的行程量转换为电信号,输入中央控制系统,经中央控制器处理后发出驱动信号,达到对电动汽车工况的控制。当汽车行驶时,电池组输出的直流电经电机控制系统变为交流电后输入驱动电机,电机输出的转矩经传动系统驱动车轮。当汽车减速时车轮带动驱动电机转动,通过电机控制系统使电动机成为交流发电机产生电流,再将交流电变为直流电向电池组充电(制动再生能量)。同时比亚迪 e5 控制系统通过各种传感器、电流检测器对动力电池、驱动电机进行监控并及时反馈信息和报警,并通过电流表、电压表、电功率表、转速表和温度表等仪表进行显示,其工作原理如图 3-1-14 所示。

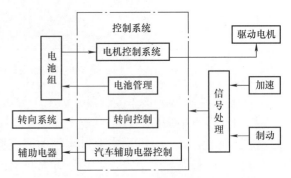

图 3-1-14　比亚迪 e5 纯电动汽车工作原理

实训演练

比亚迪 e5 纯电动汽车结构认知

实训要求

一、安全防护要求

1. 维修技师必须穿戴必要的安全防护用品,如绝缘手套、绝缘鞋、绝缘胶垫和防护眼镜等,其电压等级必须大于需要测量的最高电压。

2. 使用前必须检查绝缘手套是否有破损或裂纹等,应完好无损,确保安全。

3. 使用前必须检查绝缘手套、绝缘鞋等防护用品是否干燥,不能在带水或潮湿状态下进行操作,确保安全。

4. 维修车辆时必须设置专职监护人一名监督维修的全过程,包括维修技师的维修作业、工具使用、防护用品、备件安全保护、维修环境警示牌是否符合要求。

① 检查维修开关的接通和断开。

② 负责对维修过程中的安全维修操作规程进行检查,在进行较复杂或较危险的作业时监护人要按安全维修操作规程指挥操作,维修技师在做完一个操作后要告知监护人,监护人要在作业流程单上标记。

③ 监护人要认真负责,确保维修过程的安全,避免发生安全责任事故。

5. 监护人及维修技师应持证上岗，须有丰富的电器维修经验，经考核合格后方能上岗。

6. 严禁未经培训的人员进行高压部分检修，禁止一切带有侥幸心理的危险操作，避免发生安全事故。

二、安全维修操作规范

1. 高压部件识别，整车橙色线束均为高压线。

2. 高压部件包括动力电池、高压配电箱、车载充电器、电机控制器及 DC/DC 总成、电动空调压缩机、PTC 加热器、维修开关。

3. 检修高压系统时整车电源必须处于 OFF 档（并且车辆处于非充电状态），并拔下维修开关；维修开关拔下后由专职监护人员保管，并确保在维修过程中不会有人将其插上。

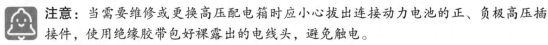

注意：当需要维修或更换高压配电箱时应小心拔出连接动力电池的正、负极高压插接件，使用绝缘胶带包好裸露出的电线头，避免触电。

4. 在断开维修开关 5min 后，检修高压系统前应使用万用表测量高压回路，确保无电。

① 测量电池包正极和车身之间的电压来初步判断是否漏电。若检测到电压大于等于 50V，则说明电池包漏电，应立即停止操作。

② 使用万用表测量高压时需注意选择正确量程，检测用万用表精度不低于 0.5 级，要求具有直流电压测量档位，量程范围不小于或等于 600V 并遵守单手操作原则。

③ 所使用的万用表一根表笔线上配备绝缘鳄鱼夹（要求耐压为 3kV，过电流能力大于 5A），测量时先把夹子夹到电路的一个端子，然后将另一只表笔接到需测端子测量读数。每次测量时只能用一只手握住表笔，测量过程中严禁触摸表笔金属部分。

5. 在进行低压调试时维修开关不装配，在进行高压调试时必须由专职监护人指挥装配维修开关。

6. 高压调试必须在低压调试好的前提下进行，便于判断电池是否有漏电的情况，如有漏电情况应及时检查，不能进行高压调试。

7. 拆装动力电池包总成时，首先把高压配电箱连接高压线束插接件用绝缘胶带缠好，拆装过程不要损坏线束，以免发生触电事故。

8. 检修或更换高压线束、油管等经过车身钣金孔的部件时，需注意检查与车身钣金的防护是否正常，避免线束、油管磨损。

实训准备

1. 设备：比亚迪 e5 汽车、安全防护套装、新能源汽车检测工具。
2. 资料：《新能源汽车综合故障诊断》教材、比亚迪 e5 维修手册。
3. 耗材：抹布等。

实训步骤

1. 指出比亚迪 e5 纯电动汽车上动力电池安装位置，并描述其组成及功能。
2. 指出亚迪 e5 纯电动汽车上电机驱动系统安装位置，并描述其组成及功能。

3. 指出亚迪 e5 纯电动汽车上整车控制器安装位置,并描述其组成及功能。
4. 指出比亚迪 e5 纯电动汽车上辅助电器安装位置,并描述其组成及功能。

整理清洁

按照 7S 管理标准,整理工具和场地。

任务练习

一、选择题

1. 下列关于纯电动汽车说法正确的是( )。
   A. 纯电动汽车是指以车载电源为动力,用电机驱动车轮行驶,符合道路交通、安全法规各项要求的车辆
   B. 纯电动汽车通常采用高效率蓄电池为动力源
   C. 纯电动汽车电能属于二次能源,可以来源于风能、水能、热能、太阳能等
   D. 以上说法都正确

2. 下列说法不正确的是( )。
   A. 用单一动力电池作为动力源的纯电动汽车,只装配了动力电池,其特点是结构简单,控制简便
   B. 在纯电动汽车上增加辅助动力源,如超级电容、飞轮储能器、太阳能等,可改善纯电动汽车的起动性能,增加续驶里程
   C. 根据电机与传动系统组合方式的不同,可分为组合驱动系统和分布式驱动系统两类
   D. 纯电动汽车的驱动系统由驱动电机和操作系统组成

3. 下列关于纯电动汽车结构说法不正确的是( )。
   A. 与传统汽车相比,纯电动汽车主要增加了电力驱动控制系统,而取消了发动机
   B. 驱动控制器必须和电机配套使用
   C. 车载电源模块主要包括蓄电池电源、能量管理系统和充电控制器等
   D. 电力驱动主模块主要包括辅助动力源、动力转向系统、驾驶室显示操纵台和各种辅助装置等

4. 下列关于比亚迪 e5 纯电动汽车结构描述不正确的是( )。
   A. 比亚迪 e5 的动力电池安装在车辆底部,由单体电池、电池信息采集器等部件组成
   B. 比亚迪 e5 采用集中式电池管理系统,由电池管理器(BMC)、电池信息采集器、电池采样线组成
   C. 比亚迪 e5 动力总成采用的是三合一结构,电机控制器、驱动电机、主减速器集成在一起
   D. 比亚迪 e5 保留了传统汽车的加速踏板、制动踏板和各种操纵手柄等,但它不需

要离合器

5. 下列不属于电池信息采集器功能的是（　　）。
　A. SOC/SOH 计算　　　　　B. 采样线异常检测
　C. 电池电压采样　　　　　　D. 温度采样

二、判断题

1. 集中驱动方式大部分由电机、变速器和差速器等组成。（　　）
2. 电机驱动桥型可分为电机驱动桥组合型和电机驱动桥整体型两种。（　　）
3. 轮边驱动方式的最大特点就是将动力、传动和制动装置都整合到轮毂内。（　　）
4. 电机在纯电动汽车中被要求承担电动机和发电机的双重功能。（　　）
5. 比亚迪 e5 控制系统通过各种传感器、电流检测器对动力电池组、驱动电机进行监控并及时反馈信息和报警，并通过电流表、电压表、电功率表、转速表和温度表等仪表进行显示。（　　）

三、简答题

简述比亚迪 e5 纯电动汽车的工作原理。

任务二　纯电动汽车动力电池系统故障诊断与排除

一辆比亚迪 e5 纯电动汽车，客户反映车辆 SOC 从 30% 变为 0% 且无法上 OK 档，同时仪表显示"请检查动力系统"，动力电池故障灯点亮，经维修技师使用故障诊断仪检查发现动力电池管理系统存在故障码。请学习任务相关知识帮助客户解决问题，并在此基础上整理出故障诊断与排除的具体方法与步骤。

学习目标

1. 能描述比亚迪 e5 纯电动汽车动力电池系统组成及部件作用。
2. 能描述比亚迪 e5 纯电动汽车动力电池系统故障诊断与排除方法。
3. 能描述比亚迪 e5 纯电动汽车电池管理系统故障诊断与排除方法。

知识储备

一、纯电动汽车动力电池系统结构原理认知

1. 动力电池

比亚迪 e5 纯电动汽车动力电池主要由动力电池组、动力电池箱体、动力电池辅助装置和高压维修开关构成,如图 3-2-1 所示。动力电池是纯电动汽车的唯一动力源,其作用是给驱动电机提供所需电能从而带动汽车行驶。纯电动汽车动力电池安装在车体下部汽车底盘上。

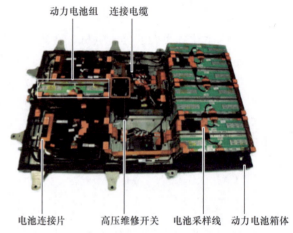

图 3-2-1 比亚迪 e5 动力电池组成

（1）动力电池组

比亚迪 e5 动力电池主要由 13 个电池模组串联组成,动力电池高压接口在 1 号电池模组负极和 13 号电池模组正极；1 号、2 号、11~13 号电池模组在动力电池前端；3 号电池模组在动力电池中端,4~10 号电池模组在动力电池后端,如图 3-2-2 所示。

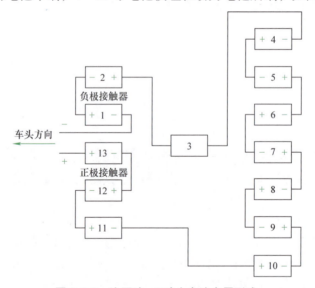

图 3-2-2 比亚迪 e5 动力电池布置形式

（2）动力电池箱体

比亚迪 e5 动力电池箱体由动力电池上部密封盖和下部托盘组成,它可以切断动力电池内部高压电路,并具有承载和保护动力电池组及内部电气元件的作用。

（3）动力电池辅助装置

比亚迪 e5 动力电池辅助装置主要由电池连接片、连接电缆、密封条和电池采样线等组

成，如图 3-2-3 所示。电池采样线是电池管理系统的信息采集装置，它可以采集动力电池的状态信息。电池连接片和连接电缆是动力电池内部电池模组之间的连接元件，主要是将动力电池组内的电池模组串联或并联组成动力电池组；密封条是动力电池的内部密封装置，可以密封动力电池上部密封盖和下部托盘。

（4）维修开关

比亚迪 e5 维修开关位于中控台储物箱下部、动力电池上面，如图 3-2-4 所示，其作用是切断动力电池内部高压电路，防止发生触电事故。

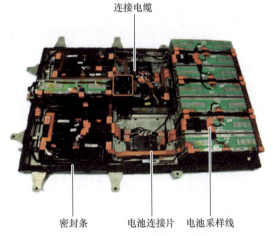

图 3-2-3　比亚迪 e5 动力电池辅助装置

图 3-2-4　维修开关位置

2. 电池管理系统

比亚迪 e5 电池管理系统采用的是分布式电池管理系统，主要由 1 个电池管理器、13 个电池信息采集器和 1 套电池采样线构成，如图 3-2-5 所示。电池管理器的主要功能有充放电管理、接触器控制、功率控制、电池异常状态报警和保护、SOC/SOH 计算、自检以及通信功能等。电池信息采集器的主要功能有电池电压采样、温度采样、电池均衡、采样线异常检测等。电池采样线的主要功能是连接电池管理器和电池信息采集器，实现二者之间通信及信息交换。

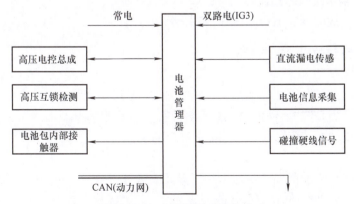

图 3-2-5　电池管理系统构成

比亚迪 e5 纯电动汽车动力电池管理器是监控动力电池组保证电池组正常工作的监控单元。电池管理器如图 3-2-6 所示,其作用是保证每节串联电池的电压、电流、温度数据等各项性能指标一致。

图 3-2-6　电池管理器

二、动力电池系统故障诊断与排除

1. 动力电池系统常见故障类型及排除方法

动力电池系统故障种类繁多,常见故障类型及排除方法见表 3-2-1。

表 3-2-1　动力电池系统常见故障类型及排除方法

故障类型	故障排除方法
续驶里程异常故障	1. 读取故障码,根据故障码提示排除修复故障 2. 动力电池满电状态路试检查续驶里程是否异常,若有异常更换动力电池
电压采样异常故障	1. 读取故障码、模组电压数据,是否报 BIC 电压采样异常故障 2. 确认 BIC 有无 12V 供电,CAN 线有无电压,若异常则更换动力电池
温度采样异常故障	1. 读取故障码、电池单体温度数据,若温度显示 −40℃或 110℃,则更换动力电池 2. 检查采样信息有无异常,若有异常则更换动力电池
单体电压过低/高故障	读取故障码、电池单体电压,若电压显示 0V(最低电压)或 4.99V(最高电压),更换动力电池
单体电池压差故障	1. 使用动力电池均衡仪器对电池进行充电均衡、放电均衡 2. 更换动力电池
热管理故障	1. 检查冷却液是否充足,检查水泵是否工作正常,检查电机冷却回路是否堵塞 2. 检查电池冷却液 PTC 加热器是否正常,若异常则更换 PTC 加热器 3. 检查散热风扇是否正常运转,若异常则检查控制电路或风扇本身
高压互锁故障	1. 确认线束是否接插存在异常 2. 测量 BMS 高压互锁回路是否导通,若导通则更换 BMS
绝缘故障	1. 高压部件及高压线束漏电时,使用绝缘电阻表依次对高压部件及高压线束进行检测,若绝缘电阻异常更换高压部件及高压线束 2. 动力电池箱体进水及漏液则更换动力电池

2. 动力电池系统故障诊断流程

动力电池系统故障诊断流程如图 3-2-7 所示。

3. 动力电池系统故障诊断与排除

(1) 故障现象

一辆 2017 款比亚迪 e5 纯电动汽车行驶时 SOC 从 30% 变为 0% 且 OK 灯熄灭,同时仪表显示"请检查动力系统",动力电池故障灯点亮。重新起动车辆仍然无法上 OK 档,仪表仍然显示"请检查动力系统"且动力电池故障灯点亮。

(2) 故障原因分析

依据上述故障现象和前面所学理论知识对此故障进行分析,可能的主要原因如下:

1) 电池管理器故障/低压线束故障。

2) 动力电池故障。

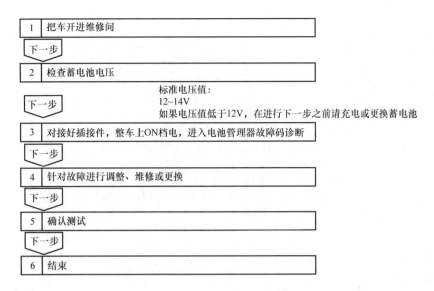

图 3-2-7　动力电池系统故障诊断流程

（3）故障诊断修复

1）首先使用万用表测量比亚迪 e5 低压蓄电池电压，电压为 12.82V，在标准电压值 12～14V 之内，符合标准。

2）然后使用比亚迪汽车专用检测仪 VDS2000 进入 BMS，读取故障码，发现系统储存 2 个历史故障码，分别为"P1A3700 因电压过低导致放电功率为 0"和"U02A200 与主动泄放模块通信故障"。

"P1A3700 因电压过低导致放电功率为 0"说明动力电池内部可能有一个单体电池电压低于 2.7V，因为磷酸铁锂电池的标准电压为 3.2V，放电截止电压为 2.7V，充电截止电压为 3.7V。"U02A200 与主动泄放模块通信故障"，"U"字母开头故障码表示通信故障，又因主动泄放模块通信故障不会影响汽车 SOC 从 30% 变为 0%，所以该故障码可以暂时排除。

3）接下来按照比亚迪 e5 维修手册的要求，断开动力电池管理器插接器，测量线束端输入电压。端子 BMC01-14 是常电源（仪表）的电压输入端。使用万用表测量 BMC01-14 对车身搭铁的输入电压为 13.09V，属于正常范围。

4）使用比亚迪汽车专用检测仪 VDS2000 检查电池管理系统数据流，查看其他单体电池信息，发现最高单体电池电压是第 59 号单体电池，为 3.291V。而最低单体电池电压是第 41 号单体电池，为 2.472V。该单体电池电压已远低于它的放电截止电压，由此可判断第 41 号单体电池损坏，又因动力电池单体电池无法更换，所以需要更换动力电池总成。换上新的动力电池总成后，起动车辆，使用比亚迪汽车专用检测仪 VDS2000 再次检查故障码、数据流，无故障码，数据流正常，故障现象不再出现，故障彻底排除。

三、电池管理系统故障诊断与排除

1. 电池管理系统常见故障类型及排除方法

电池管理系统故障种类繁多，常见故障类型及排除方法见表 3-2-2。

表 3-2-2　电池管理系统常见故障类型及排除方法

故障类型	故障排除方法
CAN 通信类故障	1. 确认线束是否接插存在异常 2. 测量 BMS 供电、搭铁是否正常，若正常则更换 BMS 3. 测量 BMS CAN-H 对 CAN-L、CAN-H 对搭铁、CAN-L 对搭铁电阻（终端电阻 CAN-H 对 CAN-L 为 120Ω 左右）是否正常，若异常则更换 BMS
BMS 工作异常故障	1. 确认线束是否接插存在异常 2. 测量 BMS 供电、搭铁是否正常，若正常则更换 BMS 3. 测量 BMS 通信是否正常，若异常则更换 BMS
无法采集电压/温度信息故障	1. 确认 BMS 与动力电池低压插接件线束是否存在异常 2. 检查采集端子紧固螺栓是否松动，若松动则重新紧固 3. 单个温度数据缺失时应检查中间对接插头，若无连接异常则传感器损坏，更换即可
高压互锁 1 故障	1. 确认线束是否接插存在异常 2. 测量 BMS 高压互锁回路是否导通，若导通则更换 BMS
绝缘故障	1. 高压部件及高压线束漏电时，使用绝缘电阻表依次对高压部件及高压线束进行检测，若绝缘电阻异常则更换高压部件及高压线束 2. 动力电池箱体进水及漏液时更换动力电池
电流显示异常故障	1. 检查采集线束是否正确连接，若异常则重新连接或更换即可 2. 检查采集端子紧固螺栓是否松动，若松动则重新紧固 3. 检查采集端子或螺栓表面是否氧化，若氧化则处理或更换即可
无法充电故障	1. 确认通信线束是否接插存在异常 2. 测量充电熔丝导通情况，若无法导通则更换熔丝
预充失败故障	1. 检查外部高压部件及内部高压部件是否有短路故障，若有则排除 2. 测量预充充电继电器是否存在 12V 电压，若没有则更换主板 3. 测量预充充电熔丝导通情况和电阻值，若异常则更换熔丝

2. 电池管理系统故障诊断流程

电池管理系统故障诊断流程如图 3-2-8 所示。

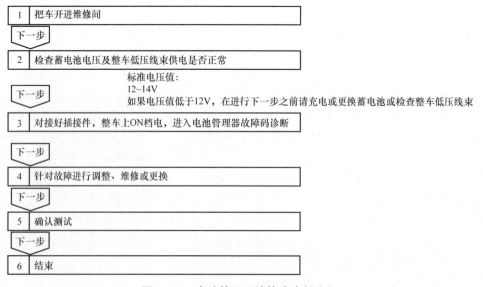

图 3-2-8　电池管理系统故障诊断流程

3. 电池管理系统电路

电池管理系统电路如图 3-2-9 所示。

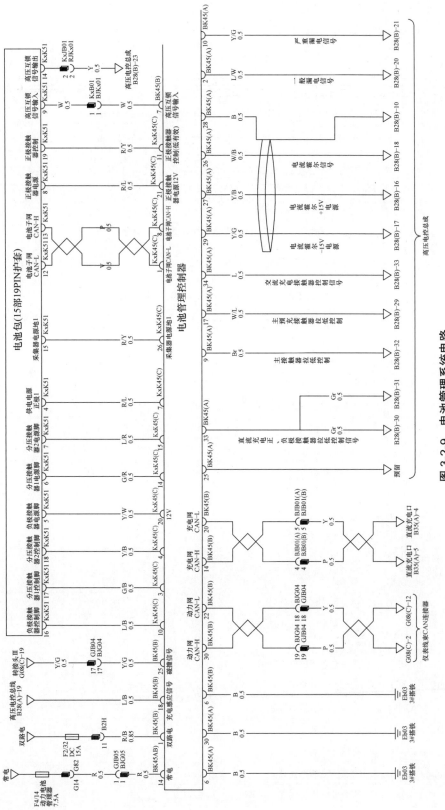

图 3-2-9 电池管理系统电路

4. 电池管理系统控制单元端子定义与检测数据

电池管理系统控制单元端子分布如图 3-2-10 所示。

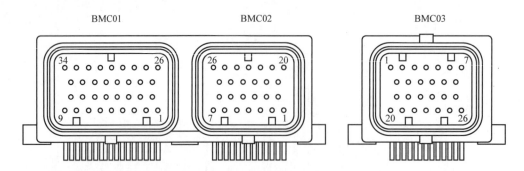

图 3-2-10 电池管理系统控制单元端子分布

电池管理系统控制单元端子检测数据见表 3-2-3。

表 3-2-3 电池管理系统控制单元端子检测数据

连接端子	端子描述	线色	条件	正常值
BMC01-1—GND	高压互锁输出信号	W	ON 档 /OK 档 / 充电	PWM 脉冲信号
BMC01-2—GND	一般漏电信号	L/W	一般漏电	小于 1V
BMC01-6—GND	整车低压搭铁	B	始终	小于 1V
BMC01-9—GND	主接触器拉低控制信号	Br	整车上高压电	小于 1V
BMC01-10—GND	严重漏电信号	YIG	严重漏电	小于 1V
BMC01-14—GND	12V 蓄电池正	G/R	ON 档 /OK 档 / 充电	9～16V
BMC01-17—GND	主预充接触器拉低控制信号	W/L	预充过程中	小于 1V
BMC01-26—GND	直流霍尔信号	W/B	电源 N 档	0～4.2V
BMC01-27—GND	电流霍尔 +15V	Y/B	—	9～16V
BMC01-28—GND	直流霍尔屏蔽搭铁	Y/G	—	—
BMC01-29—GND	电流霍尔 -15V	RG	ON 档 /OK 档 / 充电	-16～-9V
BMC01-30—GND	整车低压搭铁	B	始终	小于 1V
BMC01-31—GND	仪表充电指示灯信号	G	充电时	—
BMC01-33—GND	直流充电正、负极接触器拉低控制信号	Gr	—	小于 1V
BMC01-34—GND	交流充电接触器控制信号	G/W	始终	小于 1V
BMC02-1—GND	12V 直流电源正	R/B	电源 ON 档 / 充电	11～14V
BMC02-4—GND	直流充电感应信号	Y/R	充电时	—
BMC02-G—GND	整车低压低	B	始终	—
BMC02-7—GND	高压互锁输入信号	W	ON 档 /OK 档 / 充电	PWM 脉冲信号
BMC02-11—GND	直流温度传感器高	G/Y	ON 档 /OK 档 / 充电	2.5～3.5V
BMC02-13—GND	直流温度传感器低	R/W	—	—

（续）

连接端子	端子描述	线色	条件	正常值
BMC02-14—GND	直流充电接口 CAN2H	P	—	—
BMC02-15—GND	整车 CANIH	P	ON 档 /OK 档 / 充电	1.5～2.5V
BMC02-16—GND	整车 CAN 屏蔽搭铁	—	—	—
BMC02-18—GND	VT0G/ 车载感应信号	LB	充电时	小于 1V
BMC02-20—GND	直流充电接口 CAN2L	V	直流充电时	—
BMC02-21—GND	直流充电接口 CAN 屏蔽搭铁	—	始终	小于 1V
BMC02-22—GND	整车 CANH	V	ON 档 /OK 档 / 充电	1.5～2.5V
BMC02-25—GND	碰撞信号	Y/G	起动	约 −15V
BMC03-1—GND	采集器 CANL	V	ON 档 /OK 档 / 充电	1.5～2.5V
BMC03-2—GND	采集器 CAN 屏蔽搭铁	—	始终	小于 1V
BMC03-3—GND	1# 分压接触器拉低控制信号	—	—	小于 1V
BMC03-4—GND	2# 分压接触器拉低控制信号	Y/B	—	小于 1V
BMC03-7—GND	BIC 供电电源正	RL	ON 档 /OK 档 / 充电	9～16V
BMC03-8—GND	采集器 CANH	P	ON 档 /OK 档 / 充电	2.5～3.5V
BMC03-10—GND	负极接触器拉低控制信号	LB	接触器吸合时	小于 1V
BMC03-11—GND	正极接触器拉低控制信号	RG	接触器吸合时	小于 1V
BMC03-14—GND	1# 分压接触器 12V 电源	G/R	ON 档 /OK 档 / 充电	9～16V
BMC03-15—GND	2# 分压接触器 12V 电源	LR	ON 档 /OK 档 / 充电	9～16V
BMC03-20—GND	负极接触器 12V 电源	Y/W	ON 档 /OK 档 / 充电	9～16V
BMC03-21—GND	正极接触器 12V 电源	RW	ON 档 /OK 档 / 充电	9～16V

5. 电池管理系统控制单元故障码

电池管理系统控制单元故障码见表 3-2-4。

表 3-2-4 电池管理系统控制单元故障码

编号	DTC	描述	应检查部位
1	P1A0000	严重漏电故障	动力电池、四合一、空调压缩机和 PTC
2	P1A0100	一般漏电故障	动力电池、四合一、空调压缩机和 PTC
3	P1A0200	BIC1 工作异常故障	采集器 1
4	P1A0300	BIC2 工作异常故障	采集器 2
5	P1A0400	BIC3 工作异常故障	采集器 3
6	P1A0500	BIC4 工作异常故障	采集器 4
7	P1A0600	BIC5 工作异常故障	采集器 5
8	P1A0700	BIC6 工作异常故障	采集器 6
9	P1A0800	BIC7 工作异常故障	采集器 7

（续）

编号	DTC	描述	应检查部位
10	P1A0900	BIC8 工作异常故障	采集器 8
11	P1A0A00	BIC9 工作异常故障	采集器 9
12	P1AOB00	BIC10 工作异常故障	采集器 10
13	P1A9800	BIC11 工作异常故障	采集器 11
14	P1A9900	BIC12 工作异常故障	采集器 12
15	P1A9A00	BIC13 工作异常故障	采集器 13
16	P1AOC00	BIC1 电压采样异常故障	电池模组 1；软件会自己屏蔽掉，无需处理，若无法屏蔽则需更换电池模组
17	P1AOD00	BIC2 电压采样异常故障	电池模组 2；软件会自己屏蔽掉，无需处理，若无法屏蔽则需更换电池模组
18	P1AOE00	BIC3 电压采样异常故障	电池模组 3；软件会自己屏蔽掉，无需处理，若无法屏蔽则需更换电池模组
19	P1AOF00	BIC4 电压采样异常故障	电池模组 4；软件会自己屏蔽掉，无需处理，若无法屏蔽则需更换电池模组
20	P1A1000	BIC5 电压采样异常故障	电池模组 5；软件会自己屏蔽掉，无需处理，若无法屏蔽则需更换电池模组
21	P1A1100	BIC6 电压采样异常故障	电池模组 6；软件会自己屏蔽掉，无需处理，若无法屏蔽则需更换电池模组
22	P1A1200	BIC7 电压采样异常故障	电池模组 7；软件会自己屏蔽掉，无需处理，若无法屏蔽则需更换电池模组
23	P1A1300	BIC8 电压采样异常故障	电池模组 8；软件会自己屏蔽掉，无需处理，若无法屏蔽则需更换电池模组
24	P1A1400	BIC9 电压采样异常故障	电池模组 9；软件会自己屏蔽掉，无需处理，若无法屏蔽则需更换电池模组
25	P1A1500	BIC10 电压采样异常故障	电池模组 10；软件会自己屏蔽掉，无需处理，若无法屏蔽则需更换电池模组
26	P1AA200	BIC11 电压采样异常故障	电池模组 11；软件会自己屏蔽掉，无需处理，若无法屏蔽则需更换电池模组
27	P1AA300	BIC12 电压采样异常故障	电池模组 12；软件会自己屏蔽掉，无需处理，若无法屏蔽则需更换电池模组
28	P1AA400	BIC13 电压采样异常故障	电池模组 13；软件会自己屏蔽掉，无需处理，若无法屏蔽则需更换电池模组
29	P1A2000	BIC1 温度采样异常故障	采集器 1
30	P1A2100	BIC2 温度采样异常故障	采集器 2
31	P1A2200	BIC3 温度采样异常故障	采集器 3
32	P1A2300	BIC4 温度采样异常故障	采集器 4
33	P1A2400	BIC5 温度采样异常故障	采集器 5
34	P1A2500	BIC6 温度采样异常故障	采集器 6

（续）

编号	DTC	描述	应检查部位
35	P1A2600	BIC7 温度采样异常故障	采集器 7
36	P1A2700	BIC8 温度采样异常故障	采集器 8
37	P1A2800	BIC9 温度采样异常故障	采集器 9
38	P1A2900	BIC10 温度采样异常故障	采集器 10
39	P1AAC00	BIC11 温度采样异常故障	采集器 11
40	P1AAD00	BIC12 温度采样异常故障	采集器 12
41	P1AAE00	BIC13 温度采样异常故障	采集器 13
42	P1A2A00	BIC1 均衡电路故障	采集器 1
43	P1A2B00	BIC2 均衡电路故障	采集器 2
44	P1A2C00	BIC3 均衡电路故障	采集器 3
45	P1A2D00	BIC4 均衡电路故障	采集器 4
46	P1A2E00	BIC5 均衡电路故障	采集器 5
47	P1A2F00	BIC6 均衡电路故障	采集器 6
48	P1A3000	BIC7 均衡电路故障	采集器 7
49	P1A3100	BIC8 均衡电路故障	采集器 8
50	P1A3200	BIC9 均衡电路故障	采集器 9
51	P1A3300	BIC10 均衡电路故障	采集器 10
52	P1AB600	BIC11 均衡电路故障	采集器 11
53	P1AB700	BIC12 均衡电路故障	采集器 12
54	P1AB800	BIC13 均衡电路故障	采集器 13
55	P1A3400	预充失败故障	动力电池、高压配电箱、电机控制器与 DC 总成、空调压缩机和 PTC 及高压线束、漏电传感器
56	P1A3500	动力电池单体电压严重过高	动力电池
57	P1A3600	动力电池单体电压一般过高	动力电池
58	P1A3700	动力电池单体电压严重过低	动力电池
59	P1A3800	动力电池单体电压一般过低	动力电池
60	P1A3900	动力电池单体温度严重过高	动力电池
61	P1A3A00	动力电池单体温度一般过高	动力电池
62	P1A3B00	动力电池单体温度严重过低	动力电池
63	P1A3C00	动力电池单体温度一般过低	动力电池
64	P1A3D00	负极接触器回检故障	电池管理器低压线束、高压电控总成
65	P1A3E00	主接触器回检故障	电池管理器低压线束、高压电控总成
66	P1A3F00	预充接触器回检故障	电池管理器低压线束、高压电控总成
67	P1A4000	充电接触器回检故障	电池管理器低压线束、高压电控总成
68	P1A4100	主接触器烧结故障	—

(续)

编号	DTC	描述	应检查部位
69	P1A4200	负极接触器烧结故障	电池包
70	P1A4300	电池管理器+15V供电过高故障	电池管理器、蓄电池
71	P1A4400	电池管理器+15V供电过低故障	电池管理器、蓄电池
72	P1A4500	电池管理器−15V供电过高故障	电池管理器、蓄电池
73	P1A4600	电池管理器−15V供电过低故障	电池管理器、蓄电池
74	P1A4700	交流充电感应信号断线故障	高压电控总成、电池管理器、低压线束
75	P1A4800	主电机开盖故障	高压电控总成
76	P1A4900	高压互锁自检故障	电池管理器、高压电控总成、低压线束
77	P1A4A00	高压互锁一直检测为高信号故障	电池管理器、高压电控总成、低压线束
78	P1A4B00	高压互锁一直检测为低信号故障	电池管理器、高压电控总成、低压线束
79	P1A4C00	漏电传感器失效故障	漏电传感器、低压线束、电池管理器
80	P1A4D00	电流霍尔传感器故障	霍尔传感器
81	P1A4E00	电池组过电流告警	整车电流过大,霍尔传感器故障
82	P1A500	电池管理系统自检故障	电池管理器
83	P1A5100	碰撞硬线信号PWM异常告警(预留)	安全气囊ECU、低压线束、电池管理器
84	P1A5200	碰撞系统故障(预留)	安全气囊ECU、低压线束、电池管理器
85	P1A5500	电池管理器12V电源输入过高	蓄电池
86	P1A5600	电池管理器12V电源输入过低	蓄电池
87	P1A5700	大电流拉断接触器	整车电流过大、霍尔传感器故障
88	P1A5800	放电回路故障(预留)	—
89	P1A5900	与高压电控总成通信故障	高压电控总成、低压线束
90	P1A5A00	与漏电传感器通信故障	漏电传感器、低压线束
91	P1A5B00	与气囊ECU通信故障	气囊ECU、低压线束
92	P1A5C00	分压接触器1回检故障	分压接触器、模组采样通信线
93	P1A5D00	分压接触器回检故障	分压接触器、模组采样通信线
94	U20B000	BIC1 CAN通信超时故障	采集器、CAN线
95	U20B100	BIC2 CAN通信超时故障	采集器、CAN线
96	U20B200	BIC3 CAN通信超时故障	采集器、CAN线
97	U20B300	BIC4 CAN通信超时故障	采集器、CAN线
98	U20B400	BIC5 CAN通信超时故障	采集器、CAN线
99	U20B500	BIC6 CAN通信超时故障	采集器、CAN线
100	U20B600	BIC7 CAN通信超时故障	采集器、CAN线
101	U20B700	BIC8 CAN通信超时故障	采集器、CAN线
102	U20B800	BIC9 CAN通信超时故障	采集器、CAN线

(续)

编号	DTC	描述	应检查部位
103	U20B900	BIC10 CAN 通信超时故障	采集器、CAN 线
104	U20BA00	BIC11CAN 通信超时故障	采集器、CAN 线
105	U20BB00	BIC12CAN 通信超时故障	采集器、CAN 线
106	U20BC00	BIC13CAN 通信超时故障	采集器、CAN 线
107	U029700	有感应信号但没有车载报文故障	车载充电器、低压线束
108	U012200	有感应信号但没有启动 BMS 报文故障	蓄电池、低压线束
109	P1A6000	高压互锁故障	电池管理器、高压电控总成、低压线束

6. 电池管理系统故障诊断与排除

（1）故障现象

一辆 2017 款比亚迪 e5 纯电动汽车，打开点火开关无法上 OK 档，同时仪表显示"请检查动力系统"且动力系统故障灯点亮。电机控制器报故障码 P1A6000 高压互锁 1 故障，故障码无法清除或者清除后再现。

（2）故障原因分析

比亚迪 e5 车型高压互锁电路如图 3-2-11 所示。该车高压互锁电路由电池管理系统（BMS）、动力电池、电机控制器（VTOG）及空调加热器（PTC）组成。当高压互锁电路发生故障时，为保护车辆及人员安全，BMS 将断开整个高压回路并放电。

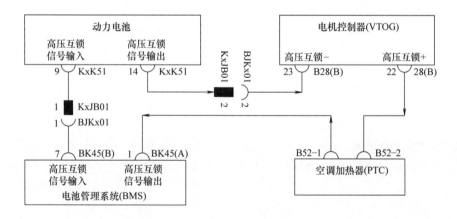

图 3-2-11 高压互锁电路

根据以上高压互锁电路结构分析，可能原因主要有以下几种：

1）高压互锁电路线束故障。

2）电池管理系统（BMS）故障。

3）空调加热器（PTC）故障。

4）电机控制器（VTOG）故障。

5）高压电池故障。

（3）故障诊断修复

1）使用诊断仪读取故障码。电机控制器报故障码"P1A6000：高压互锁故障"，且故障码无法清除，如图 3-2-12 所示。

图 3-2-12　读取高压系统故障码

2）使用诊断仪读取数据流。故障相关主要数据流为充放电不允许、主接触器断开、高压互锁 1 锁止。

3）关闭点火开关，断开电池管理系统（BMS）的 BK45（A）插接器及 BK45（B）插接器，使用万用表电阻档测量 BK45（A）/1 端子与 BK45（B）/7 端子之间的电阻，正常情况下阻值应小于 1.0Ω，但实测发现该车的阻值为无穷大，说明互锁电路中存在断路。

4）断开电机控制器（VTOG）的 B28（B）插接器，测量 BK45（B）/7 端子与 B28（B）/23 端子之间的电阻，正常情况下阻值应小于 1.0Ω，实测发现该车的阻值为 0.6Ω，由此判断电池管理系统（BMS）到电机控制器（VTOG）之间线路正常。继续测量 BK45（A）/1 端子与 B28（B）/22 端子之间的电阻，电值为无穷大，由此可以证实线路断点位于电机控制器（VTOG）到电池管理系统（BMS）之间。

5）为了明确断点所在位置，继续断开空调加热器（PTC）的 B52 插接器，测量 BK45（A）/1 端子与 B52/2 端子之间的电阻值，为 0.5Ω，正常。由此判断空调加热器（PTC）到电池管理系统（BMS）之间线路正常。

6）此时其实可以推断出线路断点位于空调加热器（PTC）与电机控制器（VTOG）之间。但是为了使诊断流程更为严谨，继续测量 B52/2 端子与 B28（B）/122 端子之间线路的电阻，电值为无穷大，证实此前判断，重新修复空调加热器 B52/2 至 B28（B）/122 之间线路。再次打开点火开关，发现可以正常上 OK 档，使用诊断仪再次检查故障码、数据流，故障码消失，数据流正常，故障现象不再出现，故障彻底排除。

实训演练

比亚迪 e5 纯电动汽车预充失败故障诊断与排除

实训要求

一、安全防护要求

1.维修技师必须佩戴必要的安全防护用品，如绝缘手套、绝缘鞋、绝缘胶垫和防护眼镜等，其电压等级必须大于需要测量的最高电压。

2. 使用前必须检查绝缘手套是否有破损或裂纹等，应完好无损，确保安全。

3. 使用前必须检查绝缘手套、绝缘鞋等防护用品，不能在带水或潮湿状态下进行操作，确保安全。

4. 维修车辆时必须设置专职监护人一名监督维修的全过程，包括维修技师作业、工具使用、防护用品、备件安全保护、维修环境警示牌是否符合要求。

① 检查维修开关的接通和断开。

② 负责对维修过程中的安全维修操作规程进行检查，在进行较复杂或较危险的作业时，监护人要按安全维修操作规程指挥操作，维修技师在做完一个操作后要告知监护人，监护人要在作业流程单上标记。

③ 监护人要认真负责，确保维修过程的安全，避免发生安全责任事故。

5. 监护人及维修技师应持证上岗，须有丰富的电器维修经验，经考核合格后方能上岗。

6. 严禁未经培训的人员进行高压部分检修，禁止一切带有侥幸心理的危险操作，避免发生安全事故。

二、安全维修操作规范

1. 高压部件识别，整车橙色线束均为高压线。

2. 高压部件包括动力电池、高压配电箱、车载充电器、电机控制器及 DC/DC 总成、电动空调压缩机、PTC 加热器、维修开关。

3. 检修高压系统时整车电源必须处于 OFF 档（并且车辆处于非充电状态），并拔下维修开关；维修开关拔下后由专职监护人员保管，并确保在维修过程中不会有人将其插上。

注意：当需要维修或更换高压配电箱时，应小心拔出连接电池包的正、负极高压插接件，使用绝缘胶带包好裸露出的电线头，避免触电。

4. 在断开紧急维修开关 5min 后，检修高压系统前应使用万用表测量高压回路，确保无电。

① 测量电池包正极和车身之间的电压来初步判断是否漏电。若检测到电压大于等于 50V，则说明电池包漏电，应立即停止操作。

② 使用万用表测量高压时需注意选择正确量程，检测用万用表精度不低于 0.5 级，要求具有直流电压测量档位，量程范围不小于等于 600V 并遵守单手操作原则。

③ 所使用的万用表一根表笔线上配备绝缘鳄鱼夹（要求耐压为 3kV，过电流能力大于 5A），测量时先把夹子夹到电路的一个端子，然后将另一只表笔接到需测量端子测量读数。每次测量时只能用一只手握住表笔，测量过程中严禁触摸表笔金属部分。

5. 在进行低压调试时维修开关不装配，在进行高压调试时必须由专职监护人指挥装配维修开关。

6. 高压调试必须在低压调试好的前提下进行，便于判断电池是否有漏电的情况，如有漏电情况应及时检查，不能进行高压调试。

7. 拆装动力电池包总成时首先把高压配电箱连接高压线束插接件用绝缘胶带缠好，拆装过程不要损坏线束，以免发生触电事故。

8. 检修或更换高压线束、油管等经过车身钣金孔的部件时，需注意检查与车身钣金的防护是否正常，避免线束、油管磨损。

实训准备

1. 设备：比亚迪 e5 汽车、安全防护套装、新能源汽车检测工具。
2. 资料：《新能源汽车综合故障诊断》教材、比亚迪 e5 维修手册。
3. 耗材：抹布等。

实训步骤

1. 确认故障现象

一辆 2017 款比亚迪 e5 纯电动汽车，打开点火开关无法上 OK 档，同时仪表显示"请检查动力系统"，电池管理系统报故障码 P1A3400 预充失败故障，故障码无法清除或者清除后再现。

2. 分析故障原因

依据上述故障现象和前面所学理论知识对此故障进行分析，可能的主要原因如下：
① 外围高压模块故障。
② 动力电池故障。
③ 电池管理系统故障。
④ 高压连接线束故障。

3. 故障诊断修复

① 使用诊断仪读取故障码。电池管理器故障码显示 P1A3400 预充失败故障，且故障码无法清除。
② 使用诊断仪读取电池管理器上电瞬间数据流。数据流显示分压接触器、负极接触器和预充接触器开始吸合随后所有接触器均断开，由此说明电池管理器、动力电池和低压线路正常。
③ 上电瞬间使用万用表测量动力电池输出电压，万用表显示 0V，动力电池电压没有输出，怀疑维修开关故障。
④ 断开维修开关，使用万用表测量维修开关，不导通。
⑤ 由此判断维修开关故障，更换维修开关后故障排除。

4. 故障诊断总结

维修开关串联在动力电池模组中，类似于熔断器，在受到大电流冲击等情况时可能损坏，因此我们在诊断维修中应多注意。

整理清洁

按照 7S 管理标准，整理工具和场地。

任务练习

一、选择题

1. 下列不属于比亚迪 e5 纯电动汽车动力电池系统的是（　　）。
   A. 动力电池　　　　B. 驱动电机　　　C. 电池管理系统　　D. 电池冷却系统

2. 下列说法不正确的是（　　）。
   A. 比亚迪 e5 动力电池组主要由 13 个电池模组并联而成
   B. 1 号、2 号、11 号、12 号、13 号电池模组在动力电池前端
   C. 3 号电池模组在动力电池中端
   D. 4 号、5 号、6 号、7 号、8 号、9 号、10 号电池模组在动力电池后端

3. 下列关于比亚迪 e5 电池管理系统说法不正确的是（　　）。
   A. 采用的是分布式电池管理系统
   B. 采用的是集中式电池管理系统
   C. 由 1 个电池管理器、13 个电池信息采集器和 1 套电池采样线构成
   D. 具有充放电管理功能

4. 以下属于动力电池系统常见故障类型的是（　　）。
   A. 续驶里程异常故障　　　　　　　B. 电压采样异常故障
   C. 热管理故障　　　　　　　　　　D. 以上都是

5. 下列关于磷酸铁锂电池电压，说法正确的是（　　）。
   A. 标准电压为 3.2V，放电截止电压为 2.7V，充电截止电压为 3.7V
   B. 标准电压为 3.2V，放电截止电压为 3.7V，充电截止电压为 2.7V
   C. 标准电压为 3.7V，放电截止电压为 2.7V，充电截止电压为 3.7V
   D. 标准电压为 3.7V，放电截止电压为 2.7V，充电截止电压为 3.7V

二、判断题

1. 使用万用表电阻档测量 BK45（A）/1 端子与 BK45（B）/7 端子之间的电阻，正常情况下阻值应大于 1.0Ω。（　　）

2. 比亚迪 e5 纯电动汽车电池管理器的作用是保证每节串联电池的电压、电流、温度数据等各项性能指标一致。（　　）

3. 比亚迪 e5 高压维修开关位于中控台储物箱下部、动力电池上面，其作用是切断动力电池内部高压电路，防止发生触电事故。（　　）

4. 比亚迪 e5 动力电池高压接口在 1 号电池模组正极和 13 号电池模组负极。（　　）

5. 比亚迪 e5 动力电池箱体可以切断动力电池内部高压电路并且具有承载和保护动力电池组及内部电气元件的作用。（　　）

三、简答题

简述比亚迪 e5 纯电动汽车动力电池无法采集电压/温度信息故障的排除方法。

任务三　纯电动汽车充电系统故障诊断与排除

一辆比亚迪 e5 纯电动汽车，客户反映车辆慢充、快充充电时充电断开，同时仪表显示"请检查充电设备"，经维修技师仔细检查发现充电线束故障以及动力电池管理系统故障。请学习任务相关知识帮助客户解决问题，并在此基础上整理出故障诊断与排除的具体方法与步骤。

学习目标

1. 能描述比亚迪 e5 纯电动汽车充电系统组成及部件作用。
2. 能描述比亚迪 e5 纯电动汽车交流、直流充电系统组成及工作过程。
3. 能描述比亚迪 e5 纯电动汽车交流、直流充电系统故障诊断与排除方法。

知识储备

一、纯电动汽车充电系统结构原理认知

比亚迪 e5 纯电动汽车充电系统的作用是给动力电池补充电能，满足不同应用情况下的充电需求，从而保证动力电池具有持续能源驱动汽车行驶。充电系统主要由车载充电机、高压配电盒、DC/DC 变换器、充电接口（直流、交流）、动力电池和电池管理器等组成。其中车载充电机、高压配电盒、DC/DC 变换器属于高压电控总成重要的组成部分，它与电机控制器和漏电传感器共同组成高压电控总成。因此比亚迪 e5 纯电动汽车充电系统也可以说由高压电控总成、电池管理器、充电接口（直流、交流）和动力电池组成，如图 3-3-1 所示。

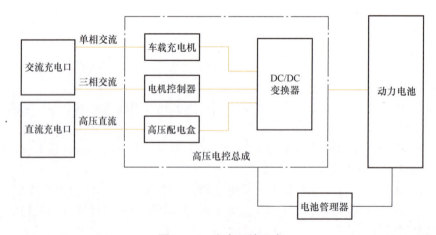

图 3-3-1　充电系统组成

比亚迪 e5 具有交流充电和直流充电两种充电方式，交流、直流充电接口都位于中央格栅后面，如图 3-3-2 所示，左侧为交流充电接口，右侧为直流充电接口。

图 3-3-2　充电接口位置

1. 交流充电系统

交流充电主要通过交流充电桩、壁挂式充电盒以及家用便携式充电器将外部交流电引入车辆的交流充电接口，然后通过高压电控总成的车载充电机将 220V 交流电转换为 650V 高压直流电给动力电池充电。由于这种充电方式时间长，所以也称为交流慢充充电系统。

（1）交流慢充充电系统组成

交流慢充充电系统主要由交流充电接口、动力电池、高压电控总成、电池管理器、车身控制模块、连接线束等组成，如图 3-3-3 所示。

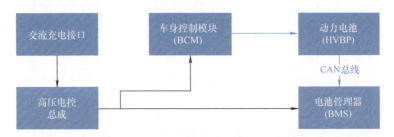

图 3-3-3　交流慢充充电系统基本组成

交流充电接口端子定义如图 3-3-4 所示。该交流充电接口共有七个端子，分别为 CC、CP、PE、N、L、NC1、NC2。

1）L：交流电源相线，其额定电流为 16A 或 32A。

2）N：交流电源中性线，其额定电流为 16A 或 32A。

3）PE：设备搭铁保护端子，用于连接车辆底盘搭铁线和供电设备搭铁线。

4）CC：连接确认端子，用于确认充电线路是否与车辆插座已充分连接，通过测量内部检测点电压予以确认。当检测点电压为 9V 时，L、N 的额定电流为 16A；当检测点电压为 6V 时，L、N 的额定电流为 32A；若检测点电压为 12V 则为断开连接。

5）CP：控制确认端子，车辆控制装置通过判断 CP 端子输入的 PWM 信号，确认供电设备当前能提供的最大充电电流值。

6）NC1、NC2：预留端子。

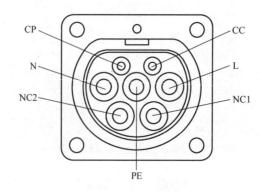

图 3-3-4 交流充电接口端子定义

（2）交流慢充充电系统工作过程

比亚迪 e5 交流慢充充电控制电路原理如图 3-3-5 所示，从左至右分别是供电设备、供电接口、车辆接口和电动汽车四部分。交流充电与直流充电相比，单相交流电通过车辆接口先进入车载充电机，然后进行升压处理后给动力电池充电。其充电过程大致分为以下过程。

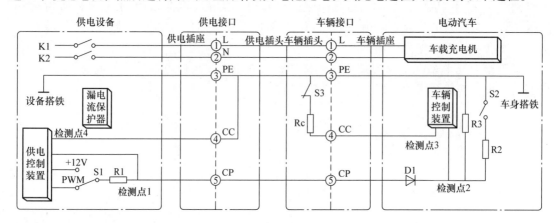

图 3-3-5 交流慢充充电控制电路原理

1）充电连接确认。充电枪插入车辆接口后供电设备端子 CC 由供电控制装置检测点 4 检测到充电连接信号，然后供电控制装置控制 S1 开关由 12V 切换至 PWM 脉宽调制信号端子。PWM 信号经充电枪接口和车辆接口 CP 端子送至检测点 2，车辆控制装置检测到脉冲信号后，确认供电设备供电能力并完成充电连接确认。

2）充电唤醒。车辆控制装置通过测定检测点 3 CC 与 PE 之间的电阻 Rc，其中开关 S3 为车辆插头内部开关，为常闭型开关，与机械锁止装置关联，当按下充电枪机械锁止开关，S3 会断开。通过检测 Rc 电阻，正常值为 680Ω，确认正常后完成充电唤醒过程。

3）供电设备给车辆充电。充电枪完好插入充电接口，充电连接正常并完成充电唤醒后，供电控制装置通过检测点 1 脉冲电压确定充电功率，接通电源 K1、K2 开关，传导线分别与车辆充电接口 L 端子和 N 端子连接，BMS 控制车辆低压 IG3 继电器吸合，给相关部件提供电源，BMS 得电后执行充电程序并拉低仪表充电指示灯信号，绿色充电指示灯点亮，并在显示屏显示充电信息（SOC 值、充电电压、充电电流、剩余充电时间等）。

4）充电过程中。在充电过程中，供电控制装置和车辆控制装置周期性监测各个检测点信号。车辆控制装置通过监测检测点 2 脉冲信号调节车载充电机输出功率。在充电过程中，为了节省充电时间和保护电池，一般先采用恒流充电。当动力电池电压达到一定值或者达到单体电压额定值和限定温度时采用恒压充电，以较小电流对电池充电直至充满。在充电过程中，BMS 周期性地监测 13 个电池模组中单体电池电压、电流、温度，防止电池过充、温度过高，单体电池电压不高于 3.7V，电池最高温度不超过 65℃，否则将限制供电功率，甚至停止充电。

5）充电结束。当 BMS 检测到充电完成，或者达到预约充电时间以及驾驶员停止充电操作时，车辆控制装置断开 S2 开关，同时开关 S1 切换至 12V，S2 开关断开使供电控制装置断开 K1、K2，结束充电。

2. 直流充电系统

直流充电主要通过专用充电站的充电柜将高压直流电通过直流充电接口向动力电池充电。由于这种充电方式充电电压相对较高，充电时间短，所以也称为直流快充充电系统。

（1）直流快充充电系统组成

直流快充充电系统主要由直流充电接口、直流充电继电器、动力电池、电池管理器、连接线束等组成，如图 3-3-6 所示。

图 3-3-6 直流快充充电系统基本组成

直流充电接口端子定义如图 3-3-7 所示。该直流充电接口共有九个端子，分别为 DC+、DC−、A+、A−、CC1、CC2、S+、S−、PE。

1）DC+：直流充电正极。
2）DC−：直流充电负极。
3）A+：低压辅助电流正极。
4）A−：低压辅助电流负极。
5）CC1：连接确认端子，车身搭铁（1kΩ ± 30Ω）。
6）CC2：连接确认端子，直流充电感应信号。
7）S+：通信线，CAN-H。
8）S−：通信线，CAN-L。
9）PE：搭铁线。

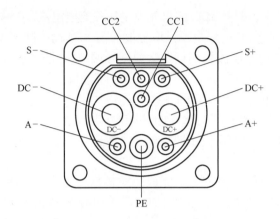

图 3-3-7 直流充电接口端子定义

（2）直流快充充电系统工作过程

比亚迪 e5 直流快充充电控制电路原理如图 3-3-8 所示，从左至右分别是非车载充电机、车辆接口和电动汽车三部分。其充电过程大致分为准备阶段、自检阶段、充电阶段、充电结束四个过程。

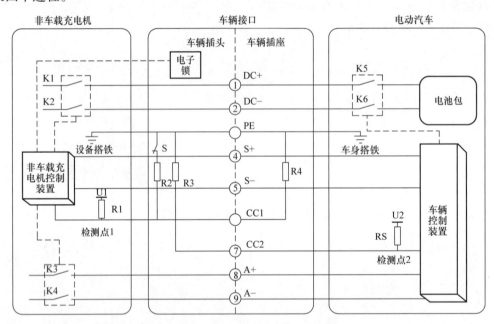

图 3-3-8 直流快充充电控制电路原理

1）准备阶段。将直流充电枪插入车辆充电接口，充电桩中 U 与电阻 R2、机械锁止开关、CC1、R4 和车身搭铁形成工作回路，车辆控制装置中 U 与电阻 R5、CC2、R3 和车身搭铁形成电路回路，当充电桩控制装置检测到检测点 1 电压为 4V，则确认充电线路完全连接。

2）自检阶段。充电枪线路完全连接后，充电桩控制装置控制接触器 K3/K4 闭合，将 12V 低压电通过 A+、A- 端子传输给车辆控制器。车辆控制装置 U2 检测到检测点 2 电压为 6V，然后通过 S+、S- 与充电桩控制装置进行通信，充电桩控制装置控制接触器 K1/K2 闭合，检测充电直流母线搭铁绝缘性，以保证充电过程安全进行。绝缘测试完成后断开接触器 K1/K2，自检阶段完成。

3）充电阶段。充电桩自检阶段完成后，车辆控制装置控制接触器 K5/K6 闭合形成充电回路，充电桩检测到车辆端电池电压正常，且在充电桩输出最大、最小电压范围内，控制接触器 K1/K2 闭合开始充电。在充电过程中车辆控制装置实时发送动力电池充电需求参数，充电桩根据该参数实时调整充电电压和电流，并相互发送各自的状态信息（充电模式、充电电压、充电电流、电池温度、当前 SOC、单体电池最高和最低电压等）。

4）充电结束。车辆根据 BMS 是否达到充满状态或者收到充电桩发来的"充电桩中止充电报文"来判断是否结束充电。满足以上条件车辆会发出"车辆中止充电报文"，在确认充电电流小于 5A 后断开 K5/K6 接触器，充电桩控制器接收到"车辆中止充电报文"，在确认充电电流小于 5A 后，断开 K1/K2 接触器，然后断开接触器 K3/K4，结束充电。

二、交流充电系统故障诊断与排除

1. 交流充电系统常见故障类型及排除方法

交流充电系统故障种类繁多，常见故障类型及排除方法见表 3-3-1。

表 3-3-1 交流充电系统常见故障类型及排除方法

故障类型	故障排除方法
壁挂式充电盒故障	1. 检查电源指示灯、充电指示灯是否点亮，若未亮则逐一检查输入电压、断路器、急停开关是否正常，若不正常则修复对应元件、线路或更换 2. 检查电源指示灯、充电指示灯是否点亮，若电源、充电指示灯点亮但充电指示灯不闪烁，则逐一测量 CC 与 PE 之间电阻、电压是否正常，若不正常则更换壁挂式充电盒
双电路故障	1. 测量双路电继电器常电熔丝 F2/4 是否正常，若异常则更换熔丝 2. 测量双路电继电器 G77/1、G77/4、G77/3、G77/5 针脚供电、搭铁是否正常，若异常则更换继电器
动力网故障	1. 读取故障码和数据流，确定故障 2. 确认高压电控总成（车载充电器）线束是否接插存在异常 3. 测量高压电控总成（车载充电器）供电、搭铁是否正常，若正常则更换故障模块 4. 测量高压电控总成（车载充电器）CAN-H 对 CAN-L、CAN-H 对搭铁、CAN-L 对搭铁电阻（终端电阻 CAN-H 对 CAN-L 为 120Ω 左右）是否正常，若异常则更换高压电控总成
车载充电器故障	1. 读取故障码和数据流，确定故障 2. 测量高压电控总成（车载充电器）直流输出电压是否正常，如异常则更换车载充电器
接触器故障	1. 读取故障码和数据流，确定故障 2. 测量接触器是否同时满足吸合所需电压、电流，即外围信号是否正常，若正常则更换接触器
高压互锁故障	1. 读取故障码和数据流，确定故障 2. 测量高压电控总成、动力电池、电池管理器、PTC 低压插接件高压互锁线路是否导通，若不导通则修复对应元件、线路或更换

2. 交流充电系统故障诊断流程

交流充电系统故障诊断流程如图 3-3-9 所示。

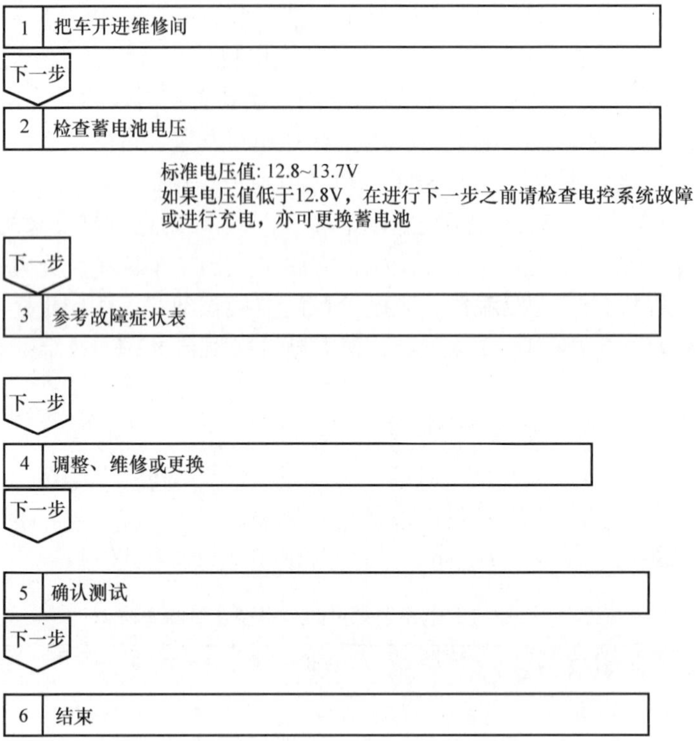

```
┌─────────────────────────────┐
│ 1  把车开进维修间            │
└─────────────────────────────┘
        下一步
┌─────────────────────────────┐
│ 2  检查蓄电池电压            │
└─────────────────────────────┘
     标准电压值：12.8~13.7V
     如果电压值低于12.8V，在进行下一步之前请检查电控系统故障
     或进行充电，亦可更换蓄电池
        下一步
┌─────────────────────────────┐
│ 3  参考故障症状表            │
└─────────────────────────────┘
        下一步
┌─────────────────────────────┐
│ 4  调整、维修或更换          │
└─────────────────────────────┘
        下一步
┌─────────────────────────────┐
│ 5  确认测试                  │
└─────────────────────────────┘
        下一步
┌─────────────────────────────┐
│ 6  结束                      │
└─────────────────────────────┘
```

图 3-3-9　交流充电系统故障诊断流程

3. 交流充电系统故障诊断与排除

（1）确认故障现象

一辆比亚迪 e5 纯电动汽车使用便携式充电器充电时充电断开，同时仪表显示"请检查充电设备"。

（2）故障原因分析

依据上述故障现象和前面所学理论知识对此故障进行分析，可能的主要原因如下：

1）线路故障。

2）模块故障。

3）充电设备故障。

（3）故障诊断修复

1）使用万用表测量比亚迪 e5 低压蓄电池电压，电压为 12.85V，在标准电压值 12～14V 之内，符合标准。

2）使用比亚迪汽车专用检测仪 VDS2000 进入高压电控总成（车载充电机），读取故障码，发现车载充电机没有储存故障码，读取数据流，发现交流外充接地状态数据显示故障，但是高压电控总成（车载充电机）已接地线，由此判断故障可能原因是充电线束故障。

3）使用万用表测量充电接口至车身搭铁的电阻，发现阻值为 31.6Ω，标准阻值 <1Ω，即故障范围锁定在充电接口至车身搭铁之间的线路。

4）查询资料得知，充电接口通过横梁搭铁实现接地，使用维修组合工具拆卸横梁护板，发现横梁刷过油漆，而搭铁螺栓也有油漆，使用砂纸打磨搭铁并重新安装，故障排除。

三、直流充电系统故障诊断与排除

1. 直流充电系统常见故障类型及排除方法

直流充电系统故障种类繁多，常见故障类型及排除方法见表 3-3-2。

表 3-3-2　直流充电系统常见故障类型及排除方法

故障类型	故障排除方法
双电路故障	1. 测量双路电继电器常电熔丝 F2/4 是否正常，若异常则更换熔丝 2. 测量双路电继电器 G77/1、G77/4、G77/3、G77/5 针脚供电、搭铁是否正常，若异常则更换继电器
接触器故障	1. 读取故障码和数据流，确定故障 2. 测量接触器是否同时满足吸合所需电压、电流，即外围信号是否正常，若正常则更换接触器
高压互锁故障	1. 读取故障码和数据流，确定故障 2. 测量高压电控总成、动力电池、电池管理器、PTC 低压插接件高压互锁线路是否导通，若不导通则修复对应元件、线路或更换
直流充电继电器故障	1. 测量直流充电继电器常电熔丝 F1/8 是否正常，若异常则更换熔丝 2. 测量直流充电继电器 B44(B)/4、B44(B)/7、B44(B)/3、B44(B)/5 针脚供电、搭铁是否正常，若异常则更换继电器
直流充电接口、充电枪故障	1. 检查直流充电接口、充电枪线束是否出现松脱、退针现象，若有则修复对应元件、线路或更换 2. 测量直流充电端口 CC1 与 PE 之间电阻值是否为 1kΩ、CC2 与 PE 端子之间电阻值是否为 1kΩ，若无则检查连接线路 3. 充电状态检测直流充电端口 A+、A- 背后端子电压是否为 12V，若无则检查连接线路

2. 直流充电系统故障诊断流程

直流充电系统故障诊断流程如图 3-3-10 所示。

3. 直流充电系统故障诊断与排除

（1）确认故障现象

一辆比亚迪 e5 纯电动汽车使用直流充电桩充电时充电断开。

（2）故障原因分析

依据上述故障现象和前面所学理论知识对此故障进行分析，可能的主要原因如下：

1）直流充电接口故障。

2）高压电控总成故障。

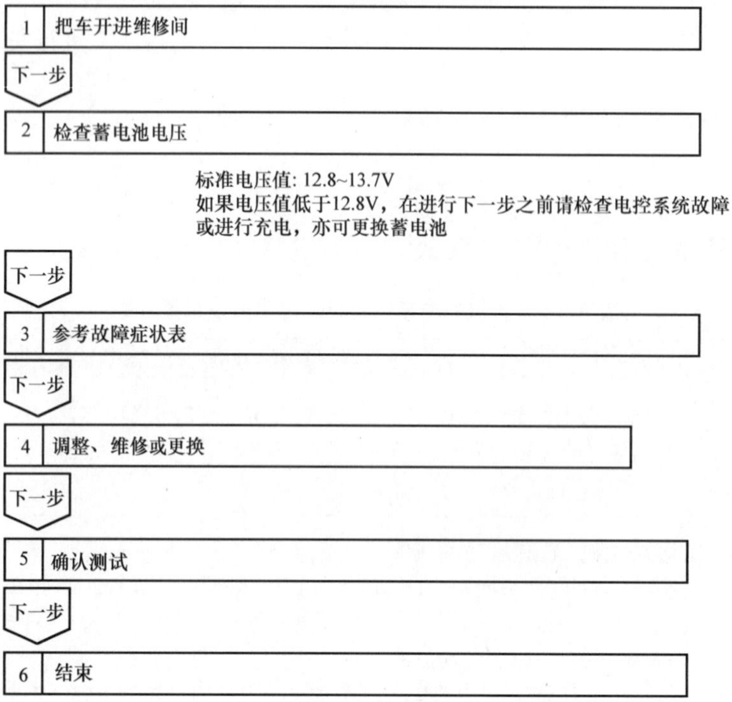

```
┌─────────────────────────────┐
│ 1  把车开进维修间           │
└─────────────────────────────┘
   ▽ 下一步
┌─────────────────────────────┐
│ 2  检查蓄电池电压           │
└─────────────────────────────┘
        标准电压值: 12.8~13.7V
        如果电压值低于12.8V，在进行下一步之前请检查电控系统故障
        或进行充电，亦可更换蓄电池
   ▽ 下一步
┌─────────────────────────────┐
│ 3  参考故障症状表           │
└─────────────────────────────┘
   ▽ 下一步
┌─────────────────────────────┐
│ 4  调整、维修或更换         │
└─────────────────────────────┘
   ▽ 下一步
┌─────────────────────────────┐
│ 5  确认测试                 │
└─────────────────────────────┘
   ▽ 下一步
┌─────────────────────────────┐
│ 6  结束                     │
└─────────────────────────────┘
```

图 3-3-10　直流充电系统故障诊断流程

3）电池管理器故障。

4）高压、低压线束故障。

（3）故障诊断修复

1）使用便携式充电器以及直流充电桩对车辆进行充电检查，检查发现慢充可以正常充电，快充无法正常充电，由此说明动力电池以及电池管理系统没有问题。

2）使用万用表测量比亚迪 e5 低压蓄电池电压，电压为 12.85V，在标准电压值 12～14V 之内，符合标准。

3）使用比亚迪汽车专用检测仪 VDS2000 进入电池管理器读取故障码，发现电池管理器没有储存故障码。

4）检查发现车辆在直流充电桩充电时仪表充电指示灯没有点亮，由此初步判断可能是电池管理器没有接收到充电枪 CC2 信号，因为当电池管理器检测到 CC2 信号后会控制充电指示灯点亮。再次使用 VDS2000 扫描全车，发现无法扫描到电池管理器，说明电池管理器没有电源导致无法工作。

5）打开点火开关，使用万用表测量充电枪 CC1 和 PE 之间的阻值，为 998Ω，正常。测量 CC2 和 PE 之间的电压，为 7.43V，正常。测量 S+、S- 和 PE 之间的 CAN 电压，为 2.53V，正常。

6）关闭点火开关插上充电枪，根据直流充电接口电路（图3-3-11），测量直流充电继电器B44（B）7对搭铁电压，为12V，说明充电桩检测到CC1 1000Ω电阻，此时充电桩可以输出A+、A-电源，测量直流充电继电器B44（B）4对搭铁电压，电压为12V，说明直流充电继电器F1/8熔丝电源正常。测量直流充电继电器B44（B）5与车身之间的电阻，为0.7Ω，正常。测量直流充电继电器B44（B）3针脚到双路电G2L-5的电阻，发现插接件端子接触不实，重新处理插接件，继续测量双路电G77-5的电压，为12V。此时车辆直流可以正常充电，故障排除。

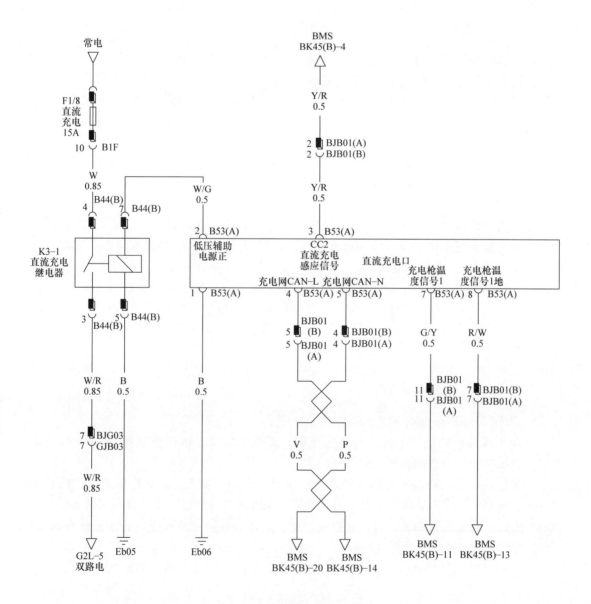

图3-3-11 直流充电接口电路

实训演练

比亚迪 e5 充电功率受限故障诊断与排除

实训要求

一、安全防护要求

1. 维修技师必须穿戴必要的安全防护用品，如绝缘手套、绝缘鞋、绝缘胶垫和防护眼镜等，其电压等级必须大于需要测量的最高电压。
2. 使用前必须检查绝缘手套是否有破损或裂纹等，应完好无损，确保安全。
3. 使用前必须检查绝缘手套、绝缘鞋等防护用品是否干燥，不能在带水或潮湿状态下进行操作，确保安全。
4. 维修车辆时必须设置专职监护人一名监督维修的全过程，包括维修技师作业、工具使用、防护用品、备件安全保护、维修环境警示牌是否符合要求。
① 检查维修开关的接通和断开。
② 负责对维修过程中的安全维修操作规程进行检查，在进行较复杂或较危险的作业时，监护人要按安全维修操作规程指挥操作，维修技师在做完一个操作后要告知监护人，监护人要在作业流程单上标记。
③ 监护人要认真负责，确保维修过程的安全，避免发生安全责任事故。
5. 监护人及维修技师应持证上岗，须有丰富的电器维修经验，经考核合格后方能上岗。
6. 严禁未经培训的人员进行高压部分检修，禁止一切带有侥幸心理的危险操作，避免发生安全事故。

二、安全维修操作规范

1. 高压部件识别，整车橙色线束均为高压线。
2. 高压部件包括动力电池、高压配电箱、车载充电器、电机控制器及 DC/DC 总成、电动空调压缩机、PTC 加热器、维修开关。
3. 检修高压系统时整车电源必须处于 OFF 档（并且车辆处于非充电状态），并拔下维修开关；维修开关拔下后由专职监护人员保管，并确保在维修过程中不会有人将其插上。

注意： 当需要维修或更换高压配电箱时，应小心拔出连接电池包的正、负极高压插接件，使用绝缘胶带包好裸露出的电线头，避免触电。

4. 在断开紧急维修开关 5min 后，检修高压系统前应使用万用表测量高压回路，确保无电。
① 测量电池包正极和车身之间的电压来初步判断是否漏电。若检测到电压大于等于 50V，则说明电池包漏电，应立即停止操作。

② 使用万用表测量高压时需注意选择正确量程，检测用万用表精度不低于 0.5 级，要求具有直流电压测量档位，量程范围不小于或等于 600V 并遵守单手操作原则。

③ 所使用的万用表一根表笔线上配备绝缘鳄鱼夹（要求耐压为 3kV，过电流能力大于 5A），测量时先把夹子夹到电路的一个端子，然后将另一只表笔接到需测量端子测量读数。每次测量时只能用一只手握住表笔，测量过程中严禁触摸表笔金属部分。

5. 在进行低压调试时维修开关不装配，在进行高压调试时必须由专职监护人指挥装配维修开关。

6. 高压调试必须在低压调试好的前提下进行，便于判断电池是否有漏电的情况，如有漏电情况应及时检查，不能进行高压调试。

7. 拆装动力电池总成时，首先把高压配电箱连接高压线束插接件用绝缘胶带缠好，拆装过程不要损坏线束，以免发生触电事故。

8. 检修或更换高压线束、油管等经过车身钣金孔的部件时需注意检查与车身钣金的防护是否正常，避免线束、油管磨损。

实训准备

1. 设备：比亚迪 e5 汽车、安全防护套装、新能源汽车检测工具。
2. 资料：《新能源汽车综合故障诊断》教材、比亚迪 e5 维修手册。
3. 耗材：抹布等。

实训步骤

1. 确认故障现象
一辆比亚迪 e5 纯电动汽车，使用直流充电桩充电时充电功率受限。

2. 分析故障原因
依据上述故障现象和前面所学理论知识对此故障进行分析，可能的主要原因如下：
① 高压、低压线束故障。
② 高压电控总成故障。
③ 电池管理器故障。
④ 动力电池温度故障。
⑤ 冷却循环系统故障。

3. 故障诊断排除
① 使用比亚迪汽车专用检测仪 VDS2000 进入相关系统读取故障码，发现各个系统均无故障码。发现电子驻车系统和电动空调系统有程序更新，更新程序后再次使用直流充电桩进行充电测试，发现故障依旧存在。

② 使用便携式充电器充电时，开始充电正常，随后直流功率由小到大，等待上升到 40kW 后慢慢降到 20kW 左右进行稳定充电，此时充电功率较小，充电时间较长。

③ 检查动力电池平均温度，温度为 14℃。与直流充电功率正常车辆（动力电池平均温

度8℃）对比，排除温度过低导致功率受限的原因。

④ 又因车辆没有相关故障码且数据流没有异常，只能进行调换配件测试。调换高压电控总成和电池管理器后测试故障依旧。

⑤ 两台车辆充电时对比数据流发现IGBT温度偏差较大，故障车IGBT温度为70℃，正常车IGBT温度为30℃。初步怀疑IGBT温度过高导致功率受限。

⑥ 再次与客户沟通得知，车辆高速行驶时仪表会出现乌龟图案（驱动功率限制）。

⑦ 高速试车，当车辆以100km/h行驶时仪表出现乌龟图案，并且功率表限制在20kW左右，此时读取数据，IGBT温度为95℃。

⑧ 检查冷却系统，最终发现电动水泵针脚腐蚀，使得冷却系统循环不畅导致高温，更换电动水泵后故障排除。

4. 故障诊断总结

没有足够的技术资料以及详尽的标准数据，就无法准确地确定某个器件的好坏。此时可与同类车型正常数据以及正常器件加以比较从而确定故障部位。必要时可以调换配件进行测试，锁定故障并排除故障。

整理清洁

按照7S管理标准，整理工具和场地。

任务练习

一、选择题

1. 下列关于比亚迪e5纯电动汽车充电系统说法不正确的是（　　）。
   A. 其作用是给动力电池补充电能，满足不同应用情况下的充电需求，从而保证动力电池具有持续能源驱动汽车行驶
   B. 比亚迪e5具有交流充电和直流充电两种充电方式
   C. 交流充电主要通过交流充电桩、壁挂式充电盒以及家用插头将外部交流电引入交流充电接口
   D. 交流充电与直流充电相比，双相交流电通过车辆接口先进入车载充电机，然后进行升压处理后给动力电池充电

2. 比亚迪e5慢充充电系统工作过程大致可以分为（　　）阶段。
   A. 充电连接确认、充电唤醒、供电设备给车辆充电、充电过程中、充电结束
   B. 充电唤醒、充电连接确认、供电设备给车辆充电、充电过程中、充电结束
   C. 充电连接确认、供电设备给车辆充电、充电过程中、充电结束
   D. 充电连接确认、充电唤醒、充电过程中、充电结束

3. 下列不属于比亚迪e5慢充充电系统的是（　　）。
   A. 直流充电接口
   B. 交流充电接口

C. 动力电池
   D. 高压电控总成
4. 下列不属于比亚迪 e5 快充充电系统的是（   ）。
   A. 直流充电接口
   B. 交流充电接口
   C. 动力电池
   D. 电池管理器
5. 下列关于比亚迪 e5 交流充电接口端子含义解释不正确的是（   ）。
   A. L：交流电源相线，其额定电流为 16A 或 32A
   B. N：交流电源中性线，其额定电流为 16A 或 32A
   C. CP：控制确认端子
   D. CC：预留端子

二、判断题

1. 维修开关串联在动力电池模组中，类似于熔丝，在受到大电流冲击等情况时损坏。（   ）
2. 比亚迪 e5 纯电动汽车直流充电接口共有 7 个端子。（   ）
3. 比亚迪 e5 纯电动汽车在快充过程中，车辆根据 BMC 是否达到充满状态或者收到充电桩发来的"充电桩中止充电报文"来判断是否结束充电。（   ）
4. 比亚迪 e5 纯电动汽车充电接口至车身搭铁标准阻值应大于 1Ω。（   ）
5. 在充电过程中，为了节省充电时间和保护电池，一般先采用恒流充电。（   ）

三、简答题

一辆比亚迪 e5 纯电动汽车出现使用直流充电桩充电时充电断开的故障现象，请简述其故障原因。

任务四　纯电动汽车驱动系统故障诊断与排除

一辆比亚迪 e5 纯电动汽车，客户反映车辆挂档无法行驶，车辆加速行驶时出现严重顿挫、闯车现象，同时仪表显示"请检查动力系统"且动力系统故障灯点亮，仪表功率从 10kW 到 25kW 来回摆动，经维修技师仔细检查发现低压线束和插头以及高压电控总成（电机控制器）存在故障。请学习任务相关知识帮助客户解决问题，并在此基础上整理出故障诊断与排除的具体方法与步骤。

学习目标

1. 能描述比亚迪 e5 纯电动汽车驱动系统组成及部件作用。
2. 能描述比亚迪 e5 纯电动汽车驱动电机故障诊断与排除方法。
3. 能描述比亚迪 e5 纯电动汽车高压电控总成（电机控制器）故障诊断与排除方法。
4. 能描述比亚迪 e5 纯电动汽车高压电控总成（电机控制器）冷却系统故障诊断与排除方法。

知识储备

一、纯电动汽车驱动系统结构原理认知

纯电动汽车驱动系统是新能源汽车的核心部件，主要由驱动电机、电机控制器（高压电控总成内部）、机械减速装置和冷却系统组成，并通过高低压线束、冷却管路与整车其他系统连接。比亚迪 e5 驱动系统组成如图 3-4-1 所示。

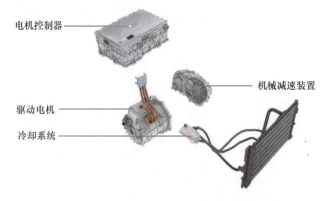

3-1　纯电动汽车驱动系统主要组成部分及各部件的作用

图 3-4-1　比亚迪 e5 驱动系统组成

1. 驱动电机

驱动电机是动力总成的核心部件，它是以磁场为媒介进行机械能和电能相互转换的电磁装置，也是驱动电动汽车行驶的动力装置，承担着将电能转化为机械能的功能。比亚迪 e5 驱动电机如图 3-4-2 所示。

图 3-4-2 比亚迪 e5 驱动电机

2. 电机控制器

电机控制器又称智能功率模块,是驱动电机系统的控制核心。电机控制器能响应并反馈整车控制器根据驾驶员意图发出的各种指令,实时调整驱动电机输出,以控制驱动电机的转速、转向和通断,并实时检测状态和故障,确保汽车安全可靠运行。比亚迪 e5 电机控制器如图 3-4-3 所示。

图 3-4-3 比亚迪 e5 电机控制器

3. 机械减速装置

机械减速装置安装于驱动桥上,与驱动电机的输出端相连接。一方面它能够将驱动电机的输出转速降低、转矩升高,并传递给汽车驱动轴,以满足整车对驱动系统的转矩、转速需求,最终带动车辆行驶。另一方面它能够通过齿轮改变转矩的传递方向,通过差速器实现两侧车轮转速差，保证内、外侧车轮以不同转速滚动而非滑动。

纯电动汽车大多采用固定传动比的二级减速器，比亚迪 e5 二级减速器组成如图 3-4-4 所示。它的主要部件有左箱体、右箱体、输入轴组件、中间轴组件、差速器组件等。

图 3-4-4　二级减速器组成

4. 冷却系统

冷却系统有两个作用：一是将驱动电机和电机控制器在运行过程中产生的热量，通过风冷或水冷的方式带走，使其工作在适宜的温度范围内；二是在冷态时保持冷却系统流动，使驱动电机和电机控制器在短时间内达到工作温度。如果不将驱动电机在运行过程中产生的热量带走，当温度上升到一定程度时驱动电机的绝缘材料会发生本质变化，最终失去绝缘能力。

比亚迪 e5 电驱冷却系统采用水冷方式进行冷却，该冷却系统主要由电动水泵、散热器、电动风扇、储液罐和冷却循环管路组成，如图 3-4-5 所示。

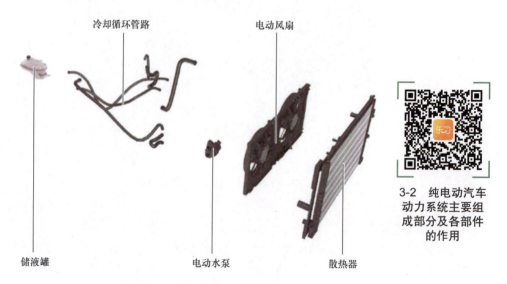

3-2　纯电动汽车动力系统主要组成部分及各部件的作用

图 3-4-5　比亚迪 e5 电驱冷却系统

二、驱动电机故障诊断与排除

1. 驱动电机常见故障类型及排除方法

驱动电机故障种类繁多，常见故障类型及排除方法见表 3-4-1。

表 3-4-1　驱动电机常见故障类型及排除方法

故障名称	故障排除方法
电机旋变故障	1. 确认线束是否接插存在异常 2. 点火开关置于 OFF 档，断开高压电控总成（驱动电机控制器）低压插接件，使用万用表依次检查 1（励磁+）B28A-60 针脚与 4（励磁-）B28A-59 针脚阻值是否在 6.5Ω 左右、6（余旋-）B28A-62 针脚与 3（余弦+）B28A-61 针脚阻值是否在 12.5Ω 左右、5（正弦-）B28A-64 针脚与 2（正弦+）B28A-63 针脚阻值是否在 12.5Ω 左右
电机过电流故障	使用万用表依次检查电机 U-W 针脚阻值是否 ≤1Ω、V-W 针脚阻值是否 ≤1Ω、U-V 针脚阻值是否 ≤1Ω，若异常则更换电机
电机缺相故障	1. 确认线束是否接插存在异常 2. 使用万用表依次检查电机三相阻值两两差值是否 ≤10Ω，若异常则更换电机
电机起动困难故障	1. 读取故障码和数据流，确定故障 2. 检查驱动电机输入电压是否正常，如异常则检查控制器件，如正常则更换驱动电机 3. 检查驱动电机是否处于过载状态，如过载则减轻负载 4. 检查驱动电机是否存在机械卡滞，如卡滞则解除机械锁止再次起动电机
电机温度异常故障	1. 读取故障码和数据流，确定故障 2. 检查驱动电机是否处于过载状态，如过载则减轻负载 3. 检查驱动电机是否扫膛，如扫膛则检查驱动电机转子气隙以及转轴、轴承是否正常 4. 检查驱动电机是否存在绕组故障，如存在则检查驱动电机绕组是否搭铁、短路、断路 5. 检查驱动电机输入电压是否正常，若异常则检查电源及调整电压
电机运行异常故障	1. 读取故障码和数据流，确定故障 2. 检查驱动电机铁心装配是否平衡，若没有平衡则重新拧紧拉紧螺杆或在松动铁心片中打入楔子固定 3. 检查驱动电机定子绕组并联支路是否断裂，若断裂则检查绕组电阻并对异常绕组线路焊接 4. 检查驱动电机底座是否牢固，若异常则检查电机底座是否损坏以及固定螺栓是否松动 5. 检查驱动电机联轴是否松动，若松动则拧紧连接螺栓或更换连接螺栓 6. 检查驱动电机转轴是否弯曲，若弯曲则调直转轴或更换转轴 7. 检查驱动电机转子磁极是否松动，若松动则重新紧固 8. 检查驱动电机转子是否平衡，若没有平衡则进行平衡检查试验

2. 驱动电机故障诊断流程

驱动电机故障诊断流程如图 3-4-6 所示。

图 3-4-6 驱动电机故障诊断流程

3. 驱动电机故障诊断与排除

（1）确认故障现象

一辆比亚迪 e5 纯电动汽车在行驶过程中仪表显示"请检查动力系统"且动力系统故障灯点亮。

（2）故障原因分析

依据上述故障现象和前面所学理论知识对此故障进行分析，可能的主要原因如下：

1）高压电控总成（电机控制器）故障。

2）旋转变压器故障。

3）连接线束故障。

3-3 旋转变压器故障诊断

（3）故障诊断修复

1）使用万用表测量比亚迪 e5 低压蓄电池电压，电压为 12.85V，在标准电压值 12 ~ 14V 之内，符合标准。

2）使用比亚迪汽车专用检测仪 VDS2000 进入高压电控总成（电机控制器），读取故障码，发现电机控制器显示 P1B0100 旋变故障。

清除故障码后再次试车，故障码依旧出现，说明故障码为静态故障。根据故障现象以及专用检测仪故障提示，初步判断为旋变传感器本身或线路故障。

3）根据该车旋变相关电路，如图 3-4-7 所示，进行以下检测：断开维修开关和蓄电池负极电缆；将车辆举升至合适高度，检查高压电控总成（电机控制器）和旋变插接器，未发现异常；断开高压电控总成（电机控制器）插接器 B28A，将万用表调至电阻档测量线束侧 59 与 60 端子之间的电阻，为 7.3Ω，正常；测量线束侧 61 与 62 端子之间的电阻，为 13.2Ω，正常；测量线束侧 63 与 64 端子之间的电阻，为无穷大，异常，说明线路存在断路。

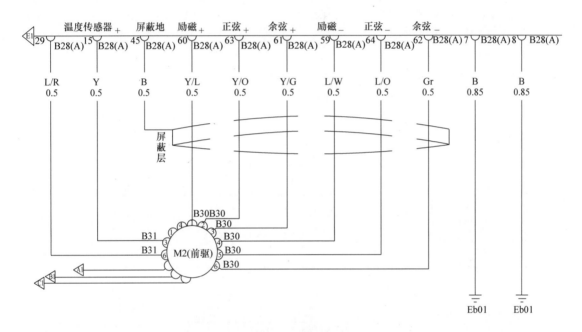

图 3-4-7　旋变电路图

4）结合以上测量和旋变电路分析，高压电控总成（电机控制器）的 63 号端子与旋变的 2 号端子、旋变的 2 号端子与旋变的 5 号端子或者高压电控总成（电机控制器）的 64 号端子与旋变的 5 号端子之间可能存在断路。依次测量发现高压电控总成（电机控制器）的 63 号端子与旋变的 2 号端子之间阻值为无穷大，至此找到故障点。更换高压电控总成（电机控制器）的 63 号端子与旋变的 2 号端子之间的线束，故障排除。

三、高压电控总成（电机控制器）故障诊断与排除

1. 高压电控总成（电机控制器）常见故障类型及排除方法

高压电控总成（电机控制器）故障种类繁多，常见故障类型及排除方法见表 3-4-2。

表 3-4-2　高压电控总成（电机控制器）常见故障类型及排除方法

故障类型	故障排除方法
IPM 故障	1. 读取故障码和数据流，确定故障 2. 断开低压蓄电池负极，断开维修开关，拔掉高压电控总成直流母线以及电机三相线，分别测量电机三相线（红表笔）对高压电控总成直流母线正极（黑表笔）阻值和二极管管压降、高压电控总成直流母线负极（红表笔）对电机三相线（黑表笔）阻值和管压降，若阻值小于 20MΩ，且管压降不在 0.3V±0.05V 之内，则更换高压电控总成
CAN 通信故障	1. 确认高压电控总成线束是否接插存在异常 2. 测量高压电控总成低压线束供电、搭铁是否正常，若正常则更换高压电控总成 3. 测量高压电控总成 CAN-H 对 CAN-L、CAN-H 对搭铁、CAN-L 对搭铁电阻（终端电阻 CAN-H 对 CAN-L 为 120Ω 左右）是否正常，若异常则更换高压电控总成
过热保护故障	1. 检查冷却系统是否工作正常，若异常则修复对应元件、线路或更换 2. 读取高压电控总成（电机控制器）数据流，检查 IPM、IGBT、电感、电机温度是否过高，若过高则先检查冷却系统是否损坏，再检查感温元件是否损坏

2. 高压电控总成（电机控制器）故障诊断流程

高压电控总成（电机控制器）故障诊断流程如图 3-4-8 所示。

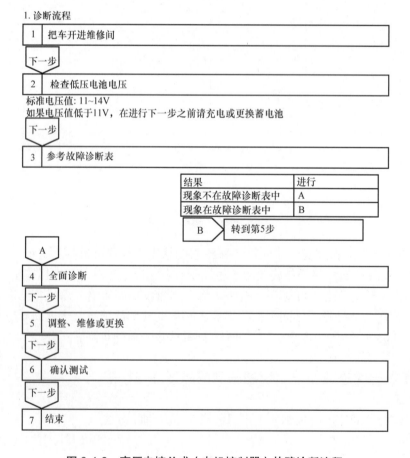

图 3-4-8　高压电控总成（电机控制器）故障诊断流程

3. 高压电控总成（电机控制器）故障诊断与排除

（1）确认故障现象

一辆比亚迪 e5 纯电动汽车挂档无法行驶，仪表显示"请检查动力系统"且动力系统故障灯点亮。

（2）故障原因分析

依据上述故障现象和前面所学理论知识对此故障进行分析，可能的主要原因如下：

1）高压电控总成（电机控制器）故障。

2）制动开关及低压线路故障。

3）加速踏板及低压线路故障。

（3）故障诊断修复

1）使用万用表测量比亚迪 e5 低压蓄电池电压，电压为 12.85V，在标准电压值 12～14V 之内，符合标准。

2）使用比亚迪汽车专用检测仪 VDS2000 进入高压电控总成（电机控制器），读取故障码，发现驱动电机控制器显示 P1B3200 驱动电机控制器电感温度过高故障，如图 3-4-9 所示。清除故障码后再次试车，车辆仍然无法行驶。

图 3-4-9　读取高压电控总成（电机控制器）系统故障码

3）读取高压电控总成（电机控制器）VTOG 系统数据流，发现电感温度显示无效值，有时达到 160℃，温度异常，如图 3-4-10 所示。

图 3-4-10　读取高压电控总成（电机控制器）系统数据流

4）根据数据流分析故障原因为电感温度过高导致高压电控总成（电机控制器）进行热保护，初步判定为高压电控总成（电机控制器）VTOG 内部故障。更换双向逆变器总成后故障消失，可以挂档行驶。

四、高压电控总成（电机控制器）冷却系统故障诊断与排除

1. 高压电控总成（电机控制器）冷却系统常见故障类型及排除方法

高压电控总成（电机控制器）冷却系统故障种类繁多，常见故障类型及排除方法见表 3-4-3。

表 3-4-3　高压电控总成（电机控制器）冷却系统常见故障类型及排除方法

故障类型	故障排除方法
上电，电子风扇常转故障	1. 检查冷却液是否充足，若不充足则补充 2. 检查水泵（外观、供电、搭铁）、管路（外观、接头）是否正常，若异常则修复对应元件、线路或更换 3. 测量电子风扇线路是否对搭铁/电源短路，如短路则修复对应元件、线路或更换 4. 先读取高压电控总成（电机控制器）故障码，再读取高压电控总成（电机控制器）IPM 温度、电感温度、IGBT 温度数据流，若温度大于 58℃，则更换高压电控总成（电机控制器） 5. 检查冷却水道是否正常，若异常则修复或更换总成
水泵异响故障	1. 确认冷却液是否充足，若不充足则补充 2. 检查水泵本身是否损坏，若损坏则更换水泵
水泵无法工作故障	1. 确认线束是否接插存在异常 2. 检查水泵供电、搭铁是否正常，若正常则更换水泵
冷却管路泄漏故障	1. 检查冷却管路是否破损，若破损则更换管路 2. 检查冷却管路卡箍是否松脱，若松脱则更换卡箍
温度警告故障	1. 读取故障码和数据流，确定故障 2. 检查冷却液是否充足，若不充足则补充 3. 确认冷却系统（水泵、模块、风扇）线束是否接插存在异常 4. 检查水泵是否工作正常，若异常则更换水泵 5. 检查冷却管路是否破损，若破损则更换管路 6. 检查冷却水道是否正常，若异常则修复或更换总成

2. 高压电控总成（电机控制器）冷却系统故障诊断流程

高压电控总成（电机控制器）冷却系统故障诊断流程如图 3-4-11 所示。

3. 高压电控总成（电机控制器）冷却系统故障诊断与排除

（1）确认故障现象

一辆比亚迪 e5 纯电动汽车加速行驶时出现严重顿挫、闯车现象，并且仪表功率从 10kW 到 25kW 来回摆动。

（2）故障原因分析

依据上述故障现象和前面所学理论知识对此故障进行分析，可能的主要原因如下：

1）高压电控总成（电机控制器）故障。
2）冷却系统故障。
3）驱动电机故障。

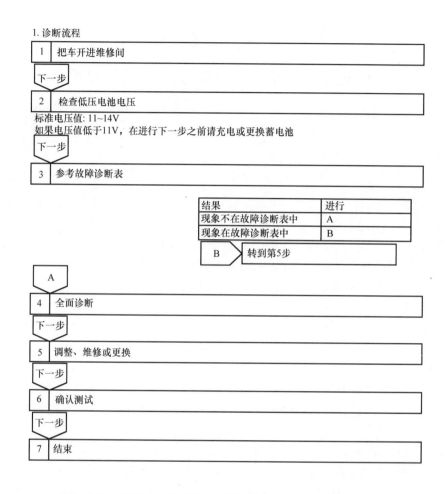

图 3-4-11　高压电控总成（电机控制器）冷却系统故障诊断流程

（3）故障诊断修复

1）使用万用表测量比亚迪 e5 低压蓄电池电压，电压为 12.85V，在标准电压值 12～14V 之内，符合标准。

2）使用比亚迪汽车专用检测仪 VDS2000 进入高压电控总成（电机控制器），读取故障代码，发现高压电控总成（电机控制器）没有储存故障码。

3）读取高压电控总成（电机控制器）及电池管理器数据流，发现数据均无异常。

4）重新路试车辆至故障出现时，再次读取高压电控总成（电机控制器）数据流，发现电机转矩 62 和电机功率 26 瞬间掉到 0，并且来回跳动。

5）车辆出现顿挫时 IGBT 温度达到 99℃，分析故障原因是由于 IGBT 过热导致功率限制。

6）检查发现冷却系统电子风扇工作正常，检查电子水泵发现没有运转，测量电子水泵线束供电电压为 13.41V，正常。

7）更换电子水泵后试车，故障排除，读取高压电控总成（电机控制器）数据流，IGBT 为 43℃，恢复正常。

实训演练

比亚迪 e5 偶发不能行驶故障诊断与排除

实训要求

3-4　整车控制系统 CAN 电路检测

一、安全防护要求

1. 维修技师必须穿戴必要的安全防护用品，如绝缘手套、绝缘鞋、绝缘胶垫和防护眼镜等，其电压等级必须大于需要测量的最高电压。
2. 使用前必须检查绝缘手套是否有破损或裂纹等，应完好无损，确保安全。
3. 使用前必须检查绝缘手套、绝缘鞋等防护用品是否干燥，不能在带水或潮湿状态下进行操作，确保安全。
4. 维修车辆时必须设置专职监护人一名监督维修的全过程，包括维修技师作业、工具使用、防护用品、备件安全保护、维修环境警示牌是否符合要求。

① 检查维修开关的接通和断开。

② 负责对维修过程中的安全维修操作规程进行检查，在进行较复杂或较危险的作业时，监护人要按安全维修操作规程指挥操作，维修技师在做完一个操作后要告知监护人，监护人要在作业流程单上标记。

③ 监护人要认真负责，确保维修过程的安全，避免发生安全责任事故。

5. 监护人及维修技师应持证上岗，须有丰富的电器维修经验，经考核合格后方能上岗。
6. 严禁未经培训的人员进行高压部分检修，禁止一切带有侥幸心理的危险操作，避免发生安全事故。

二、安全维修操作规范

1. 高压部件识别，整车橙色线束均为高压线。
2. 高压部件包括动力电池、高压配电箱、车载充电器、电机控制器及 DC/DC 总成、电动空调压缩机、PTC 加热器、维修开关。
3. 检修高压系统时整车电源必须处于 OFF 档（并且车辆处于非充电状态），并拔下维修开关；维修开关拔下后由专职监护人员保管，并确保在维修过程中不会有人将其插上。

🔔 **注意**：当需要维修或更换高压配电箱时，应小心拔出连接电池包的正、负极高压插接件，使用绝缘胶带包好裸露出的电线头，避免触电。

4. 在断开紧急维修开关 5min 后，检修高压系统前应使用万用表测量高压回路，确保无电。

① 测量电池包正极和车身之间的电压来初步判断是否漏电。若检测到电压大于等于 50V，则说明电池包漏电，应立即停止操作。

② 使用万用表测量高压时需注意选择正确量程，检测用万用表精度不低于 0.5 级，要求具有直流电压测量档位，量程范围不小于或等于 600V 并遵守单手操作原则。

③ 所使用的万用表一根表笔线上配备绝缘鳄鱼夹（要求耐压为 3kV，过电流能力大于 5A），测量时先把夹子夹到电路的一个端子，然后将另一只表笔接到需测量端子测量读数。每次测量时只能用一只手握住表笔，测量过程中严禁触摸表笔金属部分。

5. 在进行低压调试时维修开关不装配，在进行高压调试时必须由专职监护人指挥装配维修开关。

6. 高压调试必须在低压调试好的前提下进行，便于判断电池是否有漏电的情况，如有漏电情况应及时检查，不能进行高压调试。

7. 拆装动力电池包总成时，首先把高压配电箱连接高压线束插接件用绝缘胶带缠好，拆装过程不要损坏线束，以免发生触电事故。

8. 检修或更换高压线束、油管等经过车身钣金孔的部件时，需注意检查与车身钣金的防护是否正常，避免线束、油管磨损。

实训准备

1. 设备：比亚迪 e5 汽车、安全防护套装、新能源汽车检测工具。
2. 资料：《新能源汽车综合故障诊断》教材、比亚迪 e5 维修手册。
3. 耗材：抹布等。

实训步骤

1. 确认故障现象
一辆比亚迪 e5 纯电动汽车行驶时偶发出现车辆无法加速行驶，仪表没有出现故障提示，车辆停放一会儿后恢复。

2. 分析故障原因
依据上述故障现象和前面所学理论知识对此故障进行分析，可能的主要原因如下：
① 高压系统模块故障。
② 低压系统模块故障。
③ 高低压线束故障。

3. 故障诊断排除
① 车辆静态（未行驶）时使用比亚迪汽车专用检测仪 VDS2000 进入相关控制系统，读取故障码，发现电池管理器存在 P1A5100 碰撞硬线信号 PWM 异常警告故障，分析此故障不会导致车辆无法行驶，所以暂时排除。

② 车辆动态行驶时读取高压电控总成（电机控制器）数据流，发现 IGBT 温度为 94℃，驱动电机为 58℃，正常情况驱动电机温度应与 IGBT 温度差异不大，怀疑故障为冷却系统循环不好导致。检查水泵发现水泵无法正常工作，拆卸水泵插头发现插头腐蚀，重新处理后再次试车，故障排除。

4. 故障诊断总结

比亚迪 e5 车辆在 IGBT 温度过高时不会有故障码报出，只会限功率行驶，如果温度继续上升将会切断动力输出，所以在维修车辆故障时一定要根据故障现象结合数据流细心观察才能排除故障，避免走弯路，提高维修效率。

整理清洁

按照 7S 管理标准，整理工具和场地。

任务练习

一、选择题

1. 下列不属于比亚迪 e5 纯电动汽车驱动系统的是（　　）。
   A. 驱动电机
   B. 电机控制器
   C. 整车控制器
   D. 机械减速装置

2. 下列关于电机控制器说法正确的是（　　）。
   A. 电机控制器又称智能功率模块，是驱动电机系统的控制核心
   B. 电机控制器可根据驾驶员意图发出各种指令，实时调整驱动电机输出
   C. 控制驱动电机的转速、转向和通断
   D. 以上说法都正确

3. 下列关于比亚迪 e5 纯电动汽车机械减速装置说法不正确的是（　　）。
   A. 机械减速装置安装于驱动桥上，与驱动电机的输出端相连接
   B. 它能够将驱动电机的输出转速降低、转矩升高，并传递给汽车驱动轴
   C. 它能够通过齿轮改变转矩的传递方向，通过差速器实现两侧车轮转速差
   D. 比亚迪 e5 纯电动汽车采用的是固定传动比的单级减速器

4. 下列关于比亚迪 e5 纯电动汽车电驱冷却系统说法正确的是（　　）。
   A. 冷却系统可将驱动电机和电机控制器在运行过程中产生的热量，通过风冷或水冷的方式带走，使其工作在适宜的温度范围内
   B. 比亚迪 e5 电驱冷却系统采用水冷方式进行冷却
   C. 该冷却系统主要由电动水泵、散热器、电动风扇、储液罐和冷却循环管路组成
   D. 以上说法都正确

5. 根据比亚迪 e5 旋变相关电路进行检测，检测结果不正确的是（　　）。
   A. 线束侧 63 与 64 端子之间的电阻为无穷大，正常
   B. 线束侧 63 与 64 端子之间的电阻为无穷大，异常
   C. 线束侧 59 与 60 端子之间的电阻为 7.3Ω，正常
   D. 线束侧 61 与 62 端子之间的电阻为 13.2Ω，正常

二、判断题

1. P1B3200 故障码含义为驱动电机控制器电感温度过低。（   ）
2. 驱动电机故障可能导致汽车加速行驶时出现严重顿挫、闯车现象。（   ）
3. 比亚迪 e5 低压蓄电池标准电压值在 12～14V 之内。（   ）
4. 如果不将驱动电机在运行过程中产生的热量带走，当温度上升到一定程度时驱动电机的绝缘材料会发生本质变化，最终失去绝缘能力。（   ）
5. 驱动电机是动力总成的核心部件，承担着将电能转化为机械能的功能。（   ）

三、简答题

一辆比亚迪 e5 纯电动汽车出现挂档无法行驶，仪表显示"请检查动力系统"且动力系统故障灯点亮的故障现象，请简述其故障原因。

任务五　纯电动汽车整车控制系统故障诊断与排除

一辆比亚迪 e5 纯电动汽车，客户反映车辆打开点火开关 OK 灯不亮，仪表显示"请检查动力系统"，经维修技师仔细检查发现低压线束插头针脚退针以及电机控制器（VTOG）低压线束损坏。请学习任务相关知识帮助客户解决问题，并在此基础上整理出故障诊断与排除的具体方法与步骤。

学习目标

1. 能描述比亚迪 e5 整车控制系统组成及部件作用。
2. 能描述比亚迪 e5 整车无法上电故障诊断与排除方法。
3. 能描述比亚迪 e5 高压互锁故障诊断与排除方法。

知识储备

一、纯电动汽车整车控制系统结构原理认知

比亚迪 e5 纯电动汽车整车控制系统由高压电控总成、主控制器总成、电池管理器、数据总线、驾驶员操纵传感器、高压互锁、高压母线、低压铁电池和低压辅助电器等组成，如图 3-5-1 所示。比亚迪 e5 纯电动汽车整车控制系统与其他电动汽车相比有两大不同：一是比亚迪 e5 纯电动汽车没有整车控制器，而将整车控制器功能整合到高压电控总成；二是比亚迪 e5 纯电动汽车将电机控制器、车载充电器、DC/DC 变换器、高压配电模块和漏电传感器集成在一起组成高压电控总成。

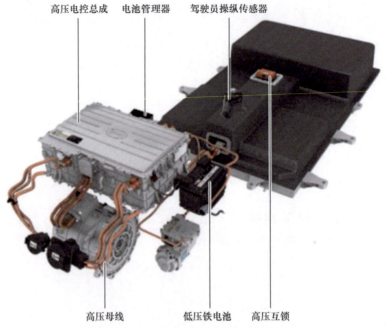

图 3-5-1　比亚迪 e5 整车控制系统组成

1. 高压电控总成

比亚迪 e5 纯电动汽车高压电控总成属于多功能集成部件，如图 3-5-2 所示。它集成了电机控制器、车载充电器、DC/DC 变换器、高压配电模块和漏电传感器功能。高压电控总成可以接收制动踏板位置传感器、加速踏板位置传感器、驻车位置传感器、充电枪及充电座温度、电机温度传感器、巡航开关信号等，并将这些信号进行分析处理最终得出驱动电机、动力电池、电动空调等系统的控制指令，控制驱动电机、动力电池和电动空调工作。比亚迪 e5 纯电动汽车高压电控总成位于汽车前机舱内，如图 3-5-3 所示。

图 3-5-2　比亚迪 e5 高压电控总成

图 3-5-3　比亚迪 e5 高压电控总成位置

电机控制器（VTOG）和车载充电器负责实现高压交、直流电双向逆变控制，驱动电机运转以及动力电池充、放电功能；DC/DC 变换器负责将高压直流电转化成低压直流电为整车低压电器系统供电和直流充电升压；高压配电模块和漏电传感器负责整车控制系统高压回路配电以及高压漏电检测。

比亚迪 e5 采用直流漏电传感器。当高压系统漏电时，传感器会发出一个信号给电池管理器，电池管理器接收到漏电信号后会根据漏电情况马上报警并断开高压电路，防止高压漏电对驾乘人员或财产造成伤害和损失。

2. 主控制器总成

比亚迪 e5 纯电动汽车主控制器总成是辅助电气系统控制单元，位于副仪表台位置，如图 3-5-4 所示。主控制器总成可以根据真空压力传感器、制动传感器和冷却液温度传感器信号，实现车辆对于制动真空泵、冷却风扇、冷凝风扇的控制，确保车辆制动系统提供足够的制动力以及驱动电机和空调系统能在正常温度工作。同时它还可以采集车速传感器信号和碰撞信号，实现车速和里程计算，并为其他系统提供车速信号。

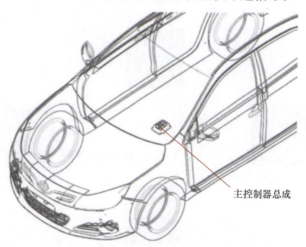

图 3-5-4　比亚迪 e5 主控制器总成位置

3. 电池管理器

比亚迪 e5 纯电动汽车电池管理器的作用与其他纯电动汽车基本一样,电池管理器用于监控动力电池组、保证电池组正常工作,位于汽车前机舱内,如图 3-5-5 所示。

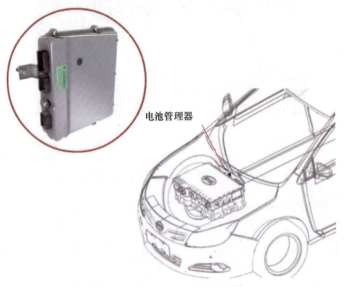

图 3-5-5　比亚迪 e5 电池管理器位置

电池管理器的主要功能有充放电管理、接触器控制、功率控制、电池异常状态报警和保护、荷电状态(SOC)计算、健康状态(SOH)计算、自检以及通信功能等。电池管理器可以最大限度地实现每节单体电池电压、电流、温度数据等各项性能指标一致。

4. 高压互锁

比亚迪 e5 纯电动汽车高压互锁的作用与其他新能源汽车基本一样,也是通过使用低压信号监测高压系统部件、连接线路、插接器以及电器保护盖的电气连接完整性。在电池管理器、动力电池、高压电控总成、空调 PTC 导线插接器中均安装有高压互锁装置,如图 3-5-6 所示。

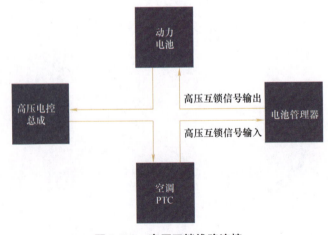

图 3-5-6　高压互锁线路连接

电池管理器中高压互锁监测器向高压互锁回路提供一个信号电压，从动力电池包开始经高压电控总成和空调 PTC 返回电池管理器，若整个高压回路任一部分脱开高压部件导线插接器或者连接松动，则检测不到返回的信号电压，说明高压互锁回路断路，电池管理器就会切断高压供电来保护人员和设备安全。

5. 驾驶员操纵传感器

比亚迪 e5 纯电动汽车驾驶员操纵传感器包括电子拨杆式档位传感器、制动踏板位置传感器和加速踏板位置传感器。

（1）电子拨杆式档位传感器

比亚迪 e5 纯电动汽车采用电子拨杆式换档器，通过操作变速杆实现换档操作，当前档位会在仪表以及变速杆上显示。比亚迪 e5 档位设置有驻车档（P）、倒车档（R）、空档（N）、前进档（D），如图 3-5-7 所示。

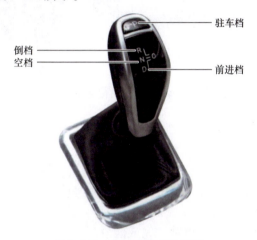

图 3-5-7　电子拨杆式换档器

比亚迪 e5 档位传感器是开关型传感器（G39），电子换档器 P-R-N-D 四个档位，相当于四个开关，其操作角度为 35°，由旋钮轨道实现，如图 3-5-8 所示。变速杆在正常状态工作时可以在 P/R/N/D 四个档位进行切换，同时仪表上会显示对应的档位字母。

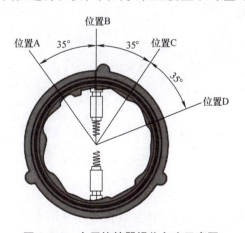

图 3-5-8　电子换档器操作角度示意图

（2）制动踏板位置传感器

比亚迪 e5 纯电动汽车制动踏板位置传感器安装在制动踏板轴一端，是双滑动电阻式传感器，如图 3-5-9 所示。制动踏板位置改变时产生表示制动深度、同比例上升的两个电压信号，通过脚踩制动踏板使得传感器输出相应的电压值。

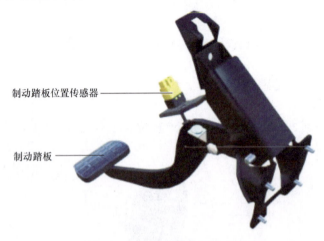

图 3-5-9　制动踏板位置传感器

当驾驶员踩下制动踏板时，制动踏板位置传感器将制动信号传输给高压电控总成，高压电控总成根据各个控制单元采集的动力电池状态信息和其他信息，进行数据分析和处理，形成指令信号发送到相应模块，迅速减少动力电池电流，使得电机输出更小转矩，以实现驾驶员制动这一意愿，同时踩下制动踏板能够接通制动灯控制电路，制动灯亮起；在减速过程中，车轮通过传动装置拖动驱动电机反转产生三相交流电，经过高压电控总成内部电机控制器整流成直流电储存到动力电池，完成能量回收。

（3）加速踏板位置传感器

比亚迪 e5 纯电动汽车加速踏板位置传感器是滑动电阻型传感器，安装在加速踏板轴一端，用于检测汽车加速或减速信号，如图 3-5-10 所示。

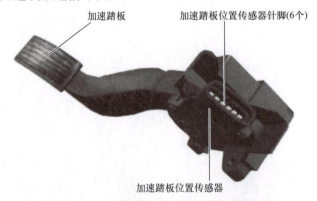

图 3-5-10　比亚迪 e5 加速踏板位置传感器

当驾驶员踩下加速踏板时，加速踏板位置传感器将加速信号传递给高压电控总成，高压电控总成根据信号并结合采集信息，进行数据分析和处理以后，将指令信号输送到高压电控总成电机控制器（VTOG）和电池管理系统（BMS），电池管理系统（BMS）控制动力电池增加电能输出量，电机控制器（VTOG）控制电机输出合适转矩，从而使车辆以驾驶员预期的速度行驶。

6. 低压辅助电器

比亚迪 e5 低压辅助电器主要是指电动真空泵、电动水泵、电子风扇、电子冷凝器、仪表等，都属于低压电控系统执行器，其作用就是完成相应任务，提高比亚迪 e5 纯电动汽车行车安全性，同时提高行车舒适性。

二、整车无法上电故障诊断与排除

1. 整车无法上电常见故障类型及排除方法

整车无法上电故障种类繁多，常见故障类型及排除方法见表 3-5-1。

表 3-5-1　整车无法上电常见故障类型及排除方法

故障类型	故障排除方法
高压互锁故障	1. 读取故障码和数据流，确定故障 2. 测量高压电控总成、动力电池、电池管理器、PTC 低压插接件高压互锁线路是否导通，若不导通则修复对应元件、线路或更换
车辆某模块电源故障	1. 读取故障码和数据流，确定故障 2. 测量对应模块供电（线路、熔丝、继电器）、搭铁是否异常，若异常则更换对应元件、线路
CAN 通信故障	1. 读取故障码和数据流，确定故障 2. 确认故障模块线束是否接插存在异常 3. 测量故障模块供电、搭铁是否正常，若正常则更换故障模块 4. 测量故障模块 CAN-H 对 CAN-L、CAN-H 对搭铁、CAN-L 对搭铁电阻（终端电阻 CAN-H 对 CAN-L 为 120Ω 左右）是否正常，若异常则更换故障模块
双路电故障	1. 测量双路电继电器常电熔丝 F2/4 是否正常，若异常则更换熔丝 2. 测量双路电继电器 1、4、3、5 针脚供电、搭铁是否正常，若异常则更换继电器
主接触器烧结故障	1. 读取故障码和数据流，确定故障 2. 断开低压蓄电池负极电缆以及维修开关，拔掉高压电控总成直流母线及空调输出插接件 3. 测量高压电控总成直流母线输入正极与空调输出正极电阻，若导通则更换高压电控总成
预充电阻、预充接触器故障	1. 读取故障码和数据流，确定故障 2. 断开低压蓄电池负极电缆以及维修开关，拔掉高压电控总成直流母线，上电瞬间测量动力电池输出电压，若异常则更换动力电池 3. 测量高压电控总成直流母线输入正极与空调输出正极之间电阻，若无穷大，则更换高压电控总成 4. 测量高压电控总成直流母线之间电阻，若小于 10MΩ，则更换高压电控总成

2. 整车无法上电故障诊断流程

整车无法上电故障诊断流程如图 3-5-11 所示。

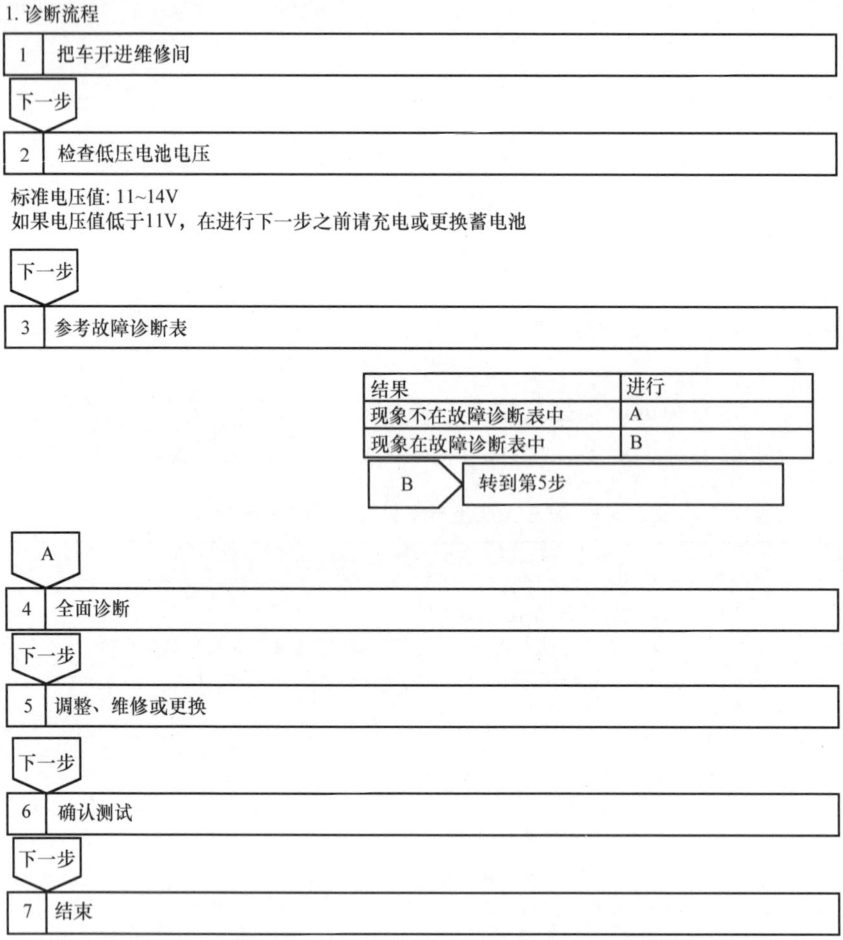

1. 诊断流程

| 1 | 把车开进维修间 |

下一步

| 2 | 检查低压电池电压 |

标准电压值: 11~14V
如果电压值低于11V, 在进行下一步之前请充电或更换蓄电池

下一步

| 3 | 参考故障诊断表 |

结果	进行
现象不在故障诊断表中	A
现象在故障诊断表中	B

B → 转到第5步

A

| 4 | 全面诊断 |

下一步

| 5 | 调整、维修或更换 |

下一步

| 6 | 确认测试 |

下一步

| 7 | 结束 |

图 3-5-11 整车无法上电故障诊断流程

3. 整车无法上电故障诊断与排除

（1）确认故障现象

一辆比亚迪 e5 纯电动汽车踩下制动踏板打开点火开关 OK 灯不亮，仪表显示"请检查动力系统"，并且车辆无法正常换档，但是电动真空泵可以正常工作。

（2）故障原因分析

依据上述故障现象和前面所学理论知识对此故障进行分析，可能的主要原因如下：

1）高压电控总成故障。

2）电池管理器故障。

3）低压、高压连接线束故障。

（3）故障诊断修复

1）使用万用表测量比亚迪 e5 低压蓄电池电压，电压为 12.85V，在标准电压值 12～14V 之内，符合标准。

2）使用比亚迪汽车专用检测仪 VDS2000 进入相关控制系统，读取故障码，发现电池管理器显示 P1A3400 预充失败故障。

查找相关资料得知，比亚迪 e5 必须由电池管理器控制负极接触器、正极接触器和预充接触器吸合才能正常工作。

正常情况踩下制动踏板，打开点火开关，继电器 IG3 吸合工作，供电给电池管理器，唤醒电池管理器，使其控制动力电池负极接触器和预充接触器吸合工作，形成动力电池预充，预充完成再控制预充接触器断开，正极接触器吸合工作，最后成功上电。

3）结合前面故障码，怀疑电池管理器未能正常工作导致无法上电。为了进一步确认，读取电池管理器数据流，发现预充状态为未预充，主接触器、负极接触器和预充接触器均为断开状态。

4）根据上述判断条件，怀疑线路存在故障。参照电池管理器部分电路图，如图 3-5-12 所示，先检查电池管理器负极接触器供电 BK45（A）/16 端子是否正常给动力电池 BK51/6 端子供电，经过测量发现 BK51/6 端子电压为 0V，异常；同理再次测量预充接触器和正极接触器供电 BK45(A)/7 是否正常给动力电池 BK51/18 和 20 端子供电，结果也是 0V，异常。根据测量结果判断 IG3 继电器未能给电池管理器供电。关闭点火开关，拔下 BK45（B）线束插头，上电测量 BK45（B）/8 端子电压为 0V，异常。初步判断 IG3 线路没有正常供电。检查上端 F1/18 熔丝，上电状态测量熔丝两端电压均为 13V，正常，判断 IG3 工作正常，再测量 F1/18 熔丝本身电阻为 0.1Ω，正常。此时可以确定是 F1/18 熔丝下端到 BMS 的线束有问题。关闭点火开关，拔下 BMS 的 BK45（B）插头并测量 F1/18 熔丝底座 B44/15 到 BK45（B）/8 的通断，测量结果为 0，异常。检查该段低压线束，发现插接头上有松动退针现象，所以该故障是由 F1/18 熔丝到 BMS 之间的供电线断路引起的，最终导致电池管理器无法控制负极接触器、正极接触器和预充接触器正常工作，无法上电。

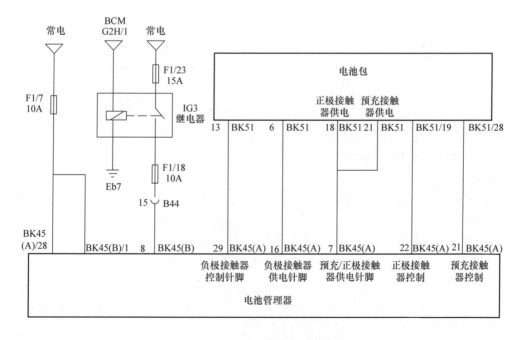

图 3-5-12　电池管理器部分电路图

5）断开蓄电池负极电缆，修复退针针脚，将低压插头与电池管理器重新连接，连接蓄电池负极电缆，再次将车辆上电，仪表 OK 灯亮起，上电成功。连接诊断仪清除故障码，再次读取故障码，显示无故障码，故障修复。

三、高压互锁故障诊断与排除

1. 高压互锁常见故障类型及排除方法

高压互锁故障种类繁多，常见故障类型及排除方法见表 3-5-2。

表 3-5-2　高压互锁常见故障类型及排除方法

故障类型	故障排除方法
高压电控总成故障	1. 确认低压、高压线束是否接插存在异常 2. 测量高压电控总成低压插接件高压互锁线路 B28-22 和 B28-23 是否导通，若不导通则修复对应元件、线路或更换
动力电池故障	1. 确认低压、高压线束是否接插存在异常 2. 测量动力电池低压插接件高压互锁线路 KxK51-14 和 KxK51-9 是否导通，若不导通则修复对应元件、线路或更换
电池管理器故障	1. 确认低压线束是否接插存在异常 2. 测量电池管理器插接件高压互锁线路 BK45（A）-1 和 BK45（B）-7 是否导通，若不导通则修复对应元件、线路或更换
PTC 故障	1. 确认低压、高压线束是否接插存在异常 2. 测量 PTC 低压插接件高压互锁线路 B52-1 和 B52-2 是否导通，若不导通则修复对应元件、线路或更换
高压互锁线路插头虚接故障	先测量低压蓄电池电压是否在 12~14V 之内，再检查高压互锁回路线束是否接插良好
高压互锁线路对搭铁/电源短路故障	测量整个高压互锁回路线路是否对搭铁/电源短路，如短路则依次测量高压电控总成、动力电池、电池管理器、PTC 低压接接件高压互锁线路，确定最终对搭铁/电源短路位置，最后修复对应元件、线路或更换

2. 高压互锁故障诊断流程

高压互锁故障诊断流程如图 3-5-13 所示。

3. 高压互锁故障诊断与排除

（1）确认故障现象

一辆比亚迪 e5 纯电动汽车踩下制动踏板打开点火开关后 OK 灯不亮，仪表显示"请检查动力系统"。

（2）故障原因分析

依据上述故障现象和前面所学理论知识对此故障进行分析，可能的主要原因如下：

1）高压互锁故障。
2）高压电控总成故障。
3）电池管理器故障。
4）低压、高压连接线束故障。

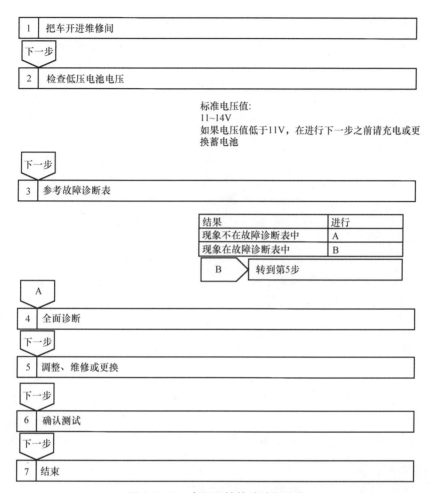

图 3-5-13 高压互锁故障诊断流程

（3）故障诊断修复

1）使用万用表测量比亚迪 e5 低压蓄电池电压，电压为 12.85V，在标准电压值 12～14V 之内，符合标准。

2）使用比亚迪汽车专用检测仪 VDS2000 进入相关控制系统，读取故障码，发现电池管理器显示 P1A6000 高压互锁故障，且故障码无法清除，如图 3-5-14 所示。

图 3-5-14 读取电池管理器故障码

3）读取电池管理器数据流，发现电机母线电压异常以及高压互锁异常。结合故障码以及数据流，分析判断高压互锁线路存在故障，故先排除高压互锁故障。

查找相关资料得知，比亚迪 e5 高压互锁电路由电池管理系统（BMS）、动力电池、电机控制器（VTOG）及空调加热器（PTC）组成，高压互锁电路如图 3-5-15 所示。当高压互锁电路发生故障时，电池管理系统（BMS）便会检测并判断高压互锁电路存在断路，为保护车辆及人员安全，将断开整个高压回路并放电。

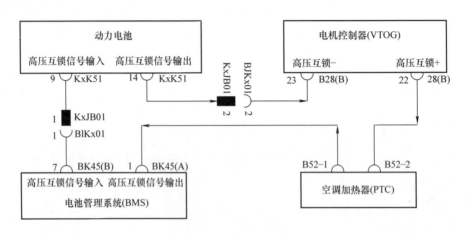

图 3-5-15　高压互锁电路

4）使用万用表依次检测高压互锁线路 BK45（A）-1 至 B52-1、B52-2 至 B28（B）-22、B28（B）-23 至 BK45（B）-7、BK45（B）-7 至 BK45（A）-1 的导通性。通过检测，发现 B28（B）-23 至 BK45（B）-7 线路不导通，检查该段线路，发现电机控制器 B28（B）插接器附近线路损坏，修复线路后重新起动，故障排除。

实训演练

比亚迪 e5 偶发踩加速踏板无反应故障诊断与排除

实训要求

一、安全防护要求

1. 维修技师必须穿戴必要的安全防护用品，如绝缘手套、绝缘鞋、绝缘胶垫和防护眼镜等，其电压等级必须大于需要测量的最高电压。
2. 使用前必须检查绝缘手套是否有破损或裂纹等，应完好无损，确保安全。
3. 使用前必须检查绝缘手套、绝缘鞋等防护用品是否干燥，不能在带水或潮湿状态下进行操作，确保安全。
4. 维修车辆时必须设置专职监护人一名监督维修的全过程，包括维修技师作业、工具使用、防护用品、备件安全保护、维修环境警示牌是否符合要求。

① 检查维修开关的接通和断开。

② 负责对维修过程中的安全维修操作规程进行检查，在进行较复杂或较危险的作业时，监护人要按安全维修操作规程指挥操作，维修技师在做完一个操作后要告知监护人，监护人要在作业流程单上标记。

③ 监护人要认真负责，确保维修过程的安全，避免发生安全责任事故。

5. 监护人及维修技师应持证上岗，须有丰富电器维修经验，经考核合格后方能上岗。

6. 严禁未经培训的人员进行高压部分检修，禁止一切带有侥幸心理的危险操作，避免发生安全事故。

二、安全维修操作规范

1. 高压部件识别，整车橙色线束均为高压线。

2. 高压部件包括动力电池、高压配电箱、车载充电器、电机控制器及 DC/DC 总成、电动空调压缩机、PTC 加热器、维修开关。

3. 检修高压系统时整车电源必须处于 OFF 档（并且车辆处于非充电状态），并拔下维修开关；维修开关拔下后由专职监护人员保管，并确保在维修过程中不会有人将其插上。

> **注意**：当需要维修或更换高压配电箱时，应小心拔出连接电池包的正、负极高压插接件，使用绝缘胶带包好裸露出的电线头，避免触电。

4. 在断开维修开关 5min 后，检修高压系统前应使用万用表测量高压回路，确保无电。

① 测量电池包正极和车身之间的电压来初步判断是否漏电。若检测到电压大于等于 50V，则说明电池包漏电，应立即停止操作。

② 使用万用表测量高压时需注意选择正确量程，检测用万用表精度不低于 0.5 级，要求具有直流电压测量档位，量程范围不小于或等于 600V 并遵守单手操作原则。

③ 所使用的万用表一根表笔线上配备绝缘鳄鱼夹（要求耐压为 3kV，过电流能力大于 5A），测量时先把夹子夹到电路的一个端子，然后将另一只表笔接到需测端子测量读数。每次测量时只能用一只手握住表笔，测量过程中严禁触摸表笔金属部分。

5. 在进行低压调试时维修开关不装配，在进行高压调试时必须由专职监护人指挥装配维修开关。

6. 高压调试必须在低压调试好的前提下进行，便于判断电池是否有漏电的情况，如有漏电情况应及时检查，不能进行高压调试。

7. 拆装动力电池包总成时，首先把高压配电箱连接高压线束插接件用绝缘胶带缠好，拆装过程不要损坏线束，以免发生触电事故。

8. 检修或更换高压线束、油管等经过车身钣金孔的部件时，需注意检查与车身钣金的防护是否正常，避免线束、油管磨损。

实训准备

1. 设备：比亚迪 e5 汽车、安全防护套装、新能源汽车检测工具。

2. 资料：《新能源汽车综合故障诊断》教材、比亚迪 e5 维修手册。

3. 耗材：抹布等。

实训步骤

1. 确认故障现象
一辆比亚迪 e5 纯电动汽车行驶时偶发踩加速踏板车辆无反应。

2. 分析故障原因
依据上述故障现象和前面所学理论知识对此故障进行分析，可能的主要原因如下：
① 高压系统模块故障。
② 低压系统模块故障。
③ 高低压线束故障。
④ 加速踏板位置传感器故障。
⑤ 制动踏板位置传感器故障。

3. 故障诊断排除
① 首先路试检查，发现故障属实。
② 使用比亚迪汽车专用检测仪 VDS2000 进入相关控制系统，读取故障码，发现各个系统均无故障码，随后检查高压电控总成和电池管理器低压线束插头针脚有无退针、弯曲以及腐蚀，均无现象发生。
③ 此时故障诊断陷入僵局，再次与车主交流得知，车辆超车或左转弯时容易出现故障。于是模拟故障出现时的工况，发现故障出现时制动踏板状态由 Loosen（松开）变为 brake（制动）再变为 Loosen（松开），怀疑故障是制动信号误报引起。
④ 调整制动灯开关间隙，并尝试调换 BMS 以及仪表配电盒，发现故障依旧。
⑤ 怀疑故障出现在制动灯信号线路，检查发现制动灯开关信号线 G28/3 到 G2I/23 之间在晃动线束的情况下，阻值在 1～1000Ω 之间变化，于是更换仪表线束后交给客户观察使用，追踪回访一个月故障未再现。

4. 故障诊断总结
车辆行驶时高压电控总成同时采集制动踏板深度与制动开关闭合两路信号，当其中一路信号出现故障时会影响动力输出。对于偶发性的故障需弄清出现的规律，借助诊断仪可以快速排除故障。

整理清洁

按照 7S 管理标准，整理工具和场地。

任务练习

一、选择题

1. 下列不属于比亚迪 e5 纯电动汽车整车控制系统的是（　　）。

A. 高压电控总成　　　B. 电机控制器　　　C. 主控制器总成　　　D. 电池管理器
2. 下列不属于比亚迪 e5 纯电动汽车高压电控总成的是（　　）
　　A. 车载充电器　　　B. 电机控制器　　　C. 高压互锁　　　D. DC/DC 变换器
3. 下列关于比亚迪 e5 纯电动汽车主控制器总成说法正确的是（　　）。
　　A. 它是辅助电气系统控制单元，位于副仪表台
　　B. 它可以采集车速传感器信号和碰撞信号，实现车速和里程计算，并为其他系统提供车速信号
　　C. 它可以根据真空压力传感器、制动传感器和冷却液温度传感器信号，实现对于制动真空泵、冷却风扇、冷凝风扇的控制
　　D. 以上说法都正确
4. 比亚迪 e5 低压辅助电器主要是指（　　）。
　　A. 电动真空泵、电动水泵、电子风扇、电子冷凝器、仪表等
　　B. 汽车空调、电动水泵、电子风扇、电子冷凝器、仪表等
　　C. 电子风扇、电子冷凝器、动力电池、仪表等
　　D. 电动水泵、驱动电机、电子冷凝器、仪表等
5. 一辆比亚迪 e5 纯电动汽车行驶时偶发出现踩加速踏板车辆无反应现象，其故障原因可能是（　　）。
　　A. 高压系统模块故障　　　　　　　B. 低压系统模块故障
　　C. 加速踏板位置传感器故障　　　　D. 以上说法都正确

二、判断题

1. 比亚迪 e5 纯电动汽车设有单独的整车控制器。　　　　　　　　　　（　　）
2. 正常情况踩下制动踏板，打开点火开关，继电器 IG3 吸合工作，供电给电池管理器并将其唤醒。　　　　　　　　　　　　　　　　　　　　　　　　　　　　（　　）
3. 比亚迪 e5 纯电动汽车电池管理器位于汽车底盘。　　　　　　　　　（　　）
4. DC/DC 变换器负责将高压直流电转化成低压直流电，为整车低压电器系统供电和直流充电升压。　　　　　　　　　　　　　　　　　　　　　　　　　　　（　　）
5. 比亚迪 e5 采用的是直流漏电传感器。　　　　　　　　　　　　　　（　　）

三、简答题

一辆比亚迪 e5 纯电动汽车出现踩下制动踏板打开点火开关后 OK 灯不亮，仪表显示"请检查动力系统"的故障现象，请简述其故障原因。